Hans Joachim Hildenbrand

Grabplatten und Epitaphien im Konstanzer Münster

Kurzfassung

Hartung-Gorre Verlag Konstanz

Bilder auf dem Umschlag (© Hans Joachim Hildenbrand):
links: Mittelschiff: Grabplatte Bischof Franz Johann von Prasberg
rechts: Nordpfeiler am Eingang zum Thomaschor:
Epitaph Kustos Wolfgang Jakob von Bernhausen

Bibliografische Information Der Deutschen Bibliothek
Die Deutsche Nationalbibliothek verzeichnet diese Publikation in der Deutschen Nationalbibliografie; detaillierte bibliografische Daten sind im Internet über http://dnb.d-nb.de abrufbar.

Erste Auflage 2019
HARTUNG-GORRE VERLAG KONSTANZ
ISBN 3-86628-638-4; 978-3-86628-638-2

Inhaltsverzeichnis

Liebe Leserin, lieber Leser, nachdem die ausführliche Fassung „Grabplatten, Epitaphien und Gedenktafeln im Konstanzer Münster" einiges Interesse gefunden hat, habe ich mich entschlossen, eine Kurzfassung zu veröffentlichen, die sich auf Objekte beschränkt, die jedem Münsterbesucher zugänglich sind und die auf zu spezielle Dinge wie das ausführliche Vokabular verzichtet. Auch die Gedenktafeln im Kreuzgang sind nicht aufgenommen.

Meine Arbeit stützt sich im Wesentlichen auf das Werk von Heribert Reiners „Das Konstanzer Münster unserer lieben Frau zu Konstanz" aus dem Jahr 1955. Reiners hat mit bewundernswerter Akribie alle Grabplatten und Epitaphien bearbeitet und die Kürzel auf den Grabplatten entschlüsselt. Eine große Erleichterung war es, dass er vor allem die zahlreichen C gedeutet hat, stehen sie doch für Cathedralis – Constantiensis – Canonicus – Capitularis – Cantor oder Custos. Wie Reiners verzichtet auch der schöne Bildband „Das Konstanzer Münster unserer lieben Frau", herausgegeben 2013 von Ulrike Laule, bis auf wenige Ausnahmen auf Übersetzungen (Grabplatte Robert Hallum übersetzt von Ines Stadie auf den Seiten 87-88 sowie das Epitaph für Georg Sigismund Miller unter der Orgelempore übersetzt von Katharina Herrmann auf den Seiten 187-189). Bei Reiners findet sich die Übersetzung der Gedenktafel für Johannes von Stoffeln in der Konradikapelle durch A. Bischof. Der ehemalige Dekan und Münsterpfarrer Emanuel Frey hat im 1989 erschienenen Kunstführer „Münster unserer lieben Frau Konstanz" auf den Seiten 83-84 die Epitaphien für Ludwig von Mercy, Joseph Sigismund von Roggenbach und Franz Schenck von Stauffenberg sowie die Grabplatten für Jakob Karl von Wolfegg und Joseph Sigismund von Roggenbach übersetzt.

Ich habe mir die Aufgabe gestellt, die Grabplatten und Epitaphien in Bild, Text und Übersetzung vorzulegen. Eine Übersicht über die gängigen Kürzel sowie eine Einführung in die Entzifferung der Grabplatten soll es dem interessierten Besucher ermöglichen, sich selbst in die Materie einzuarbeiten. Die Texte der Epitaphien orientieren sich an der Maxime „de mortuis nil nisi bene", d.h. dass die geehrten Personen bereits zu Lebzeiten untadelige, ja heilige Menschen waren, die uns als Vorbild dienen sollen. Die Formulierungen sind oft recht schwülstig und in einem Latein verfasst, das mit dem Schullatein nicht mehr allzu viel zu tun hat. An manchen Stellen bleibt einem nur, den Inhalt recht frei wiederzugeben. Ich habe mich dafür entschieden, viator mit Pilger zu übersetzen. Wer in einem geheiligten Raum „des Weges kommt", sucht ja religiöse Erbauung, wenn er die Inschriften studiert. Sollten Sie, lieber Leser, Fehler finden oder Verbesserungsvorschläge haben, so lassen Sie es mich bitte wissen.

Die Objekte werden in einem Rundgang vorgestellt, der in der westlichen Vorhalle beginnt, an der Rückwand des Mittelschiffs vorbei in die Welserkapelle und ins Nordschiff führt. Es folgen die Grabplatten im Nord-, Mittel- und Südschiff, dann der Thomaschor, Mariä-End-Chor und Südschiff, sodann Kreuzgang und Mauritiusrotunde.

Ich würde mich freuen, wenn Ihnen meine Arbeit gefällt und Sie dadurch das Münster besser kennenlernen.

Hans Joachim Hildenbrand - Konstanz 2019

Wie liest man die Grabplatten im Konstanzer Münster?

Da nicht allzu viel Platz für größere Texte vorhanden war, die Schrift aber doch einigermaßen repräsentativ sein sollte, musste mit Kürzeln gearbeitet werden. Dies war möglich, weil die meisten Kirchenbesucher wussten, um wen es sich bei den Bestatteten jeweils handelte. Das Münster war ja Kirche des Klerus und nicht Pfarrkirche. Es genügte also, Namen, Ämter und Lebensdaten sehr verkürzt anzugeben.

Alle Inschriften folgen demselben Prinzip:

1. **Name**: jeweils nur ein Buchstabe für die Vornamen
2. **Adelstitel**: meist L.B. für Liber Baro, also Freiherr, manchmal Comes für Graf. Da die Bischöfe auch Reichsfürsten waren, findet sich auch der Zusatz S.R.I P. = Sacri Romani Imperii Princeps
3. **Geschlecht**: da, wie gesagt, den meisten Kirchenbesuchern klar war, um wen es sich handelte, genügte ein „de B." z.B. für „von Baden" oder „von Bodman". Eine Ausnahme im Südschiff ist der Name Roggenbach. Bischof Roggenbach stammte nicht aus dem Bereich des Bistums Konstanz, er war Bischof in Basel gewesen, vertrieben worden und hatte bis zu seinem Tod im Exil in Konstanz gelebt. Hier war es also geboten, den Namen auszuschreiben.
4. **Kirchliche Ämter**: es fallen auf die vielen C. Sie haben folgende Bedeutungen: Cathedralis – Constantiensis – Cantor – Custos – Canonicus – Capitularis. Zu Beginn liest man meist E.C.C. d.h. Ecclesiae Cathedralis Constantiensis, also der Bischofskirche zu Konstanz. Was die folgenden C bedeuten, ist dann nur dem Eingeweihten bekannt: Canonicus, also Domherr, dürfte fast immer stimmen. Capitularis, also Mitglied des Domkapitels, sozusagen Minister und zum Bischof wählbar, trifft schon weniger zu. Cantor war ein wichtiges Amt, da ja an einer Kathedrale häufig Feste gefeiert, Gesandtschaften empfangen wurden. Der Cantor musste dafür sorgen, dass bei all diesen Anlässen festliche Musik ertönte. Der Custos hat weit mehr Befugnisse und Aufgaben als unser Küster. Er ist für das gesamte Gebäude, den Bauzustand, die Ausstattung, die Vergabe von Arbeiten zuständig.
   Nach oder auch vor den diversen C finden sich auch E. oder Ep. für Episcopus, also Bischof, oder S. / Suff. = Suffraganeus = Weihbischof, wobei es sich gelegentlich um das Amt eines Titularbischofs handelt; z.B. im Südschiff die Grabplatte von Wilhelm von Baden, der Titularbischof von Milevum in Numidien war. Weitere Ämter sind P. = Praepositus = Propst z.B. ad S.I. = ad Sanctum Iohannem oder ad S.St. = ad Sanctum Stephanum. Bei mehreren Grabplatten (und vor allem auch bei den Epitaphien) finden sich weitere Hinweise z.B. auf die Reichenau (Augia Maior) oder die Kirche des Deutschritterordens in Odenheim. Mehrfach gibt es Hinweise darauf, dass der Verstorbene auch in Würzburg, Eichstätt, Speyer, Augsburg oder Köln Domherr oder Bischof war.
5. **Lebensdaten**: O. oder OB.= Obiit = er ist gestorben, verbunden mit dem Kürzel AE oder AET = Aetatis (nicht aetat**e**) nennt das erreichte Lebensalter. Dieser Genitiv aetatis findet sich übrigens entsprechend in vielen deutschsprachigen Texten: „seines Alters". Dann folgt das Todesdatum, oft eingeleitet mit "die", also „am Tag" (Z8 = 28), gefolgt von der Genitivform des Monats, wobei Formen wie Marty für Martii oder May für Maii auffallen.
6. **R.I.P.** = Requiescat in Pace = er ruhe in Frieden beschließt den Text.

Kirchliche Ämter, die auf den Epitaphien genannt werden

Antistes	Bischof
Suffraganeus	Weihbischof / Auxiliarbischof
Erzpriester	wird oft gleichbedeutend mit Dekan verwendet
Archidiakon	früher Bezeichnung für Generalvikar
Kantor	Vorsänger in den liturgischen Gesängen, dann Chorleiter
Kustos; Küster	ist für den gesamten Kirchenbau und seinen Erhalt sowie die Ausstattung verantwortlich
Vikar	Stellvertreter des Pfarrers
Offizial	spricht im Auftrag des Bischofs Recht. Leitet kirchliche Gerichtsverfahren wie z.B. Ungültigkeitserklärung einer Ehe. Muss Priester sein und Kenntnisse im kanonischen Recht haben.
Pfleger	Verwalter einer Kirche; Kassenwart usw.
Diakon	ist man nach der ersten Weihe; Assistent, Sekretär, Gehilfe v.a. des Bischofs
Praepositus / Propst	aus praepositus entwickelt sich propostus = Vorgesetzter.
Domherren	Beamte geistlicher Würdenträger, die nicht unbedingt Priester sein mussten.
Domkapitel	Gemeinschaft der Kapitulare, sozusagen das Kabinett des Bischofs
Domkapitular	Hat die Aufgabe, an der Bischofskirche festliche Gottesdienste zu organisieren und die vom Bischof erhaltenen Aufträge auszuführen, vgl. Minister
Dekan	Von lat. *decem* eigentlich Vorgesetzter von 10 Priestern; Leiter eines Sprengels. Als *Domdekan* Vorsitzender des Domkapitels
(Apostolischer) Visitator	**„Kontrolleur", der umfassende Befugnisse hat und vor** allem die Amtsführung von Geistlichen (auch der Bischöfe) überprüft und korrigieren kann
Domkustos	der Domkustos ist für den baulichen Unterhalt des Domes, die Ausstattung, den Schmuck und die Beaufsichtigung verantwortlich, hütet den Domschatz, veranlasst Reinigung, Vorbereitung der Gottesdienste und Läuten der Glocken
Generalvikar	Stellvertreter des Bischofs und Chef der Verwaltung, wird in Inschriften oft auch Erzdiakon bzw. Archidiakon genannt.
Kanoniker	Kleriker aller Weihestufen, die in Gemeinschaft leben und gemeinsam die liturgischen Feiern zelebrieren.
Kaplan	Von lat. *capellanus* d.h. eigentlich für eine Kapelle zuständig; Hilfspriester; Assistent eines Priesters
Lizenziat/Lizentiat	= Lic.jur.can. hat die Lehrerlaubnis in kirchlichem Recht, vgl. Dr. jur.can.
Senior	Dienstältester Domherr
Protonotar	= erster Schreiber = Notar des Bischofs, hat die Schriftleitung bei allen Dokumentationen

Häufige Kürzel und Abkürzungen auf Grabplatten und Epitaphien

dns oder D	dominus
AE / aet	aetatis wird in Verbindung mit Jahreszahlen benutzt und gibt i.d.R. das Lebensalter an, das der Verstorbene erreicht hat: obiit AE 76 er starb im Alter von 76 Jahren. Vgl. in deutschen Inschriften „seines Alters“
A.M.& Oe	Augiae Majoris et Oeningae von Reichenau und Öhningen
E.C.C.	Ecclesiae Cathedralis Constantiensis
eccliae	ecclesiae Genitiv zu ecclesia die Kirche
oes	omnes alle
rev / rnds / rds	reverendus ehrwürdig
SS	sanctissimus / sanctissima allerheiligst meist in Kombination mit Theologie: doctor SS Theologiae
V I D	utriusque iuris doctor Doktor beider Rechte V für U
S R I P	Sancti Romani Imperii Princeps Fürst des heiligen römischen Reiches, Reichsfürst
L B	liber baro Baron, Freiherr
OB / O /	obiit ist gestorben, häufig statt zweimal i ein y obyt
D G	Dei Gratia durch Gottes Gnade (z.B. Bischof)
ao	anno
rdms	reverendissimus hochehrwürdig
illmvs	illustrissimus höchst erlaucht
adm	admodum sehr
9	ersetzt die männliche Endung -us decan9
-e /-u / -a	häufig statt der Akkusativform -em / -um / -am
nblis	nobilis edel
C	1. Canonicus Domherr 2. Capitularis Domkapitular 3. Cantor 4. Custos Kustos, Küster 5. Constantiensis 6. Cathedralis
S.St. / S.I.	Sankt Stephan / Sankt Johann
Ep / EPPUS / eps	episcopus Bischof

Die Monatsnamen werden in aller Regel abgekürzt. Es handelt sich jeweils um die Form des Genitivs. Statt der Endung -ii z.B. Martii findet man oft die Endung -y also Marty / July usw. häufig noch mit 2 i-Punkten versehen.

Vorhalle: Epitaph Domkapitular Johann Marquard von Sirgenstein

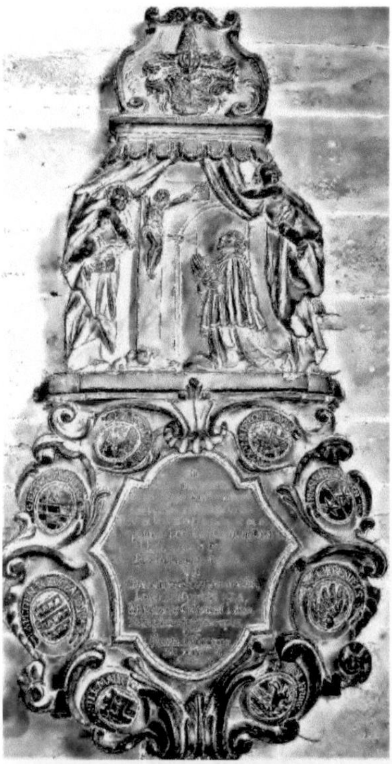

Hic Ad illius pedes In cujus manus animam emiserat corpus quo suum demitti voluit
Reverendus & Perillustris D.D. Johannes Marquard de & in Sirgenstein Ecclesiae Cathedralis Constantiensis Canonicus Capitularis Christo confixus cruci, Et configurandus in gloria, Cui Cum animam & corpus donâsset, Legavit Pauperibus bona, Bibliothecae Cathedralis libros, nobis piè moriendi exemplar. Obiit Anno salutis MDCCXXXVIII, Die XXVII junij Aetatis L

Hier (ruht) zu Füßen dessen*, in dessen Hände er seine Seele gegeben hatte und wo nach seinem Willen sein Leib begraben sein sollte, der ehrwürdige und erlauchte Herr Johann Marquard von und in Sirgenstein

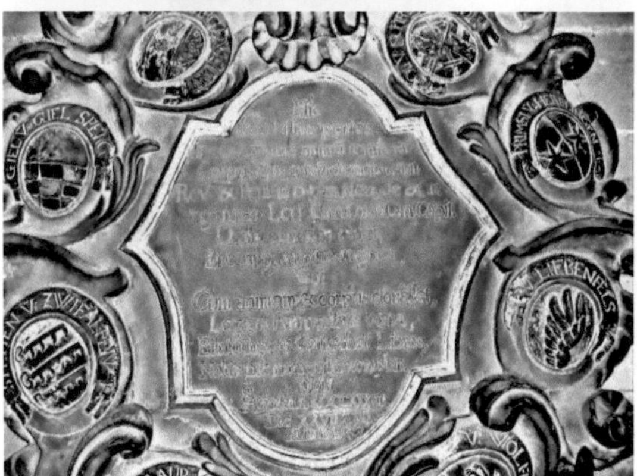

Domkapitular an der Bischofskirche zu Konstanz mit Christus ans Kreuz geschlagen, er möge ihm in seiner Herrlichkeit gleichkommen. Als er seine Seele und seinen Leib hingegeben hatte, vermachte er den Armen seine Güter, der Bibliothek der Kathedrale seine Bücher, uns ein Vorbild frommen Sterbens. Er starb im Jahre des Heils 1738 am 27. Juni im Alter von 50 Jahren.

*gemeint ist der sog. Große Herrgott von Konstanz über dem Hauptportal

Vorhalle: Bronze-Epitaph Domherr Andreas Wendelstein

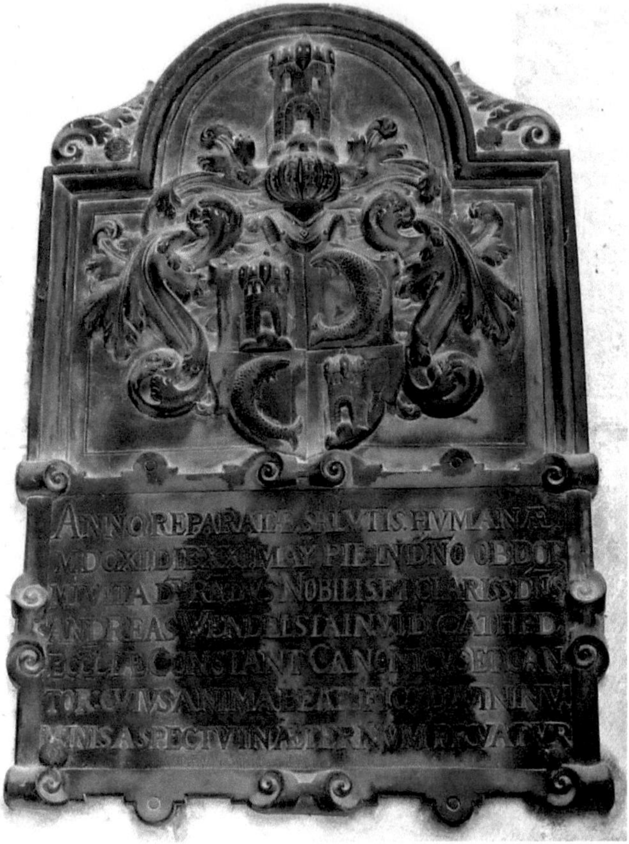

Anno reparatae salutis humanae MDCXI die XXI Mayi pie in domino obdormivit admodum reverendus nobilis et clarissimus Dominus Andreas Wendelstain utriusque iuris doctor Cathedralis Constantiensis canonicus et cantor cuius anima beatifico divini numinis aspectu in aeternum fruatur.

Im Jahre des wieder erlangten menschlichen Heils 1611 am 21. Mai entschlief im Herrn der hochehrwürdige edle und weitberühmte Herr Andreas Wendelstein Doktor beider Rechte Domherr und Kantor an der Bischofskirche zu Konstanz. Seine Seele möge in Ewigkeit den seligmachenden Anblick der göttlichen Herrlichkeit genießen.

Vorhalle: Bronzeepitaph Domherr Georg Joseph Brunck

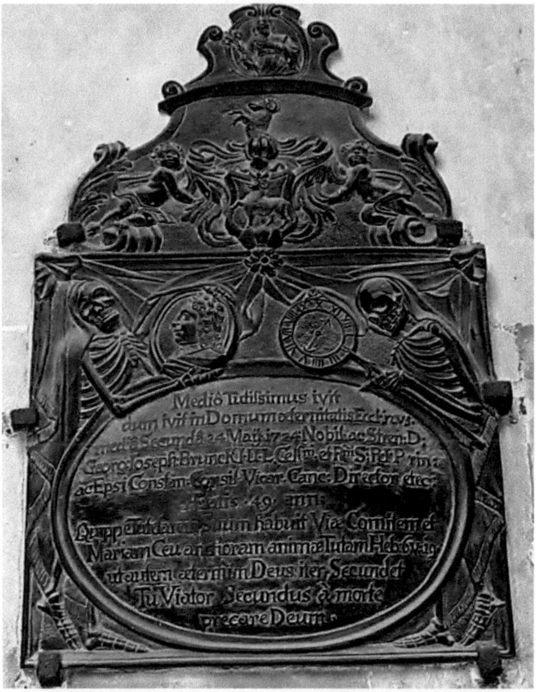

Mediô Tutissimus ivit dum ivit in Domum aeternitatis. Ecc. 12 V 5, mediâ Secundâ 24. May 1724 Nobilis ac strenuus Dominus Georgius Josephus Brunck I.U.L. Celsissimi et reverendissimi Sacri Romani Imerii Principis ac Episcopi Constantiensis Consiliarius Vicarius Cancellarius Director etec : Aetatis 49 annorum : Quippe Tutelarem Suum habuit Viae Comitem et Mariam Ceu anchoram animae Tutam Heb. 6. V 19 ut autem aeternum Deus iter Secundet Tu Viator Secundus à morte precare Deum.

Aus unserer Mitte ging in größter Sicherheit ins Haus der Ewigkeit am 24. MAI 1724 kurz nach Mitternacht der edle und tüchtige Herr Georg Joseph Brunck Lehrer beider Rechte, Generalvikar, Kanzler, Direktor usw. des erhabensten und ehrwürdigsten Reichsfürsten und Bischofs von Konstanz im Alter von 49 Jahren: freilich hatte er als Schutzpatron und Wegbegleiter gleich wie einen sicheren Anker für seine Seele Maria.
Dass aber Gott ihm auf seinem Weg in die Ewigkeit beistehe, darum mögest du, Pilger, der du sicher vor dem Tod bist, Gott bitten.

Westliche Vorhalle: Grabplatte Domkapitular Franz Joseph Anton von Ulm-Langenrain

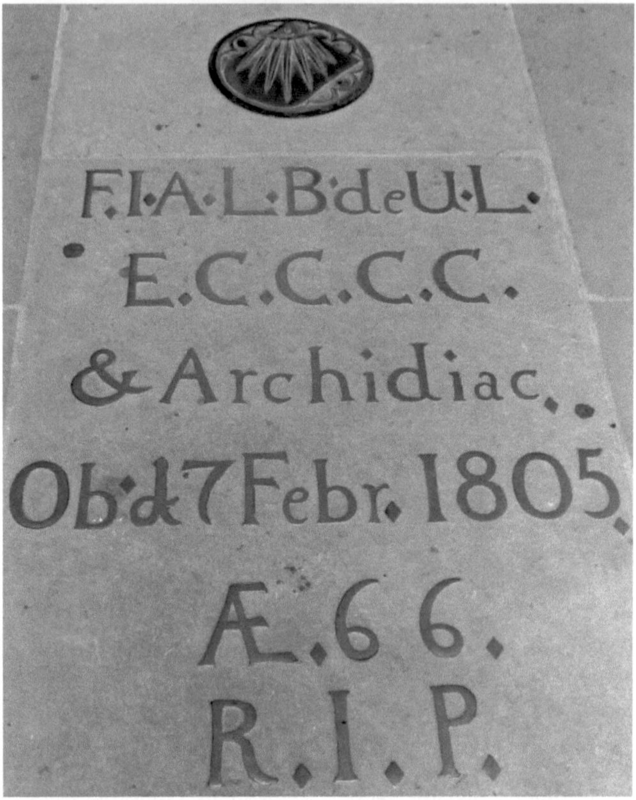

Franciscus **I**osephus **A**ntonius **L**iber **B**aro **de U**lm **L**angenrain **E**cclesiae **C**onstantiensis **C**athedralis **C**anonicus **C**apitularis **& Archidiac**on **Ob**iit **17 Febr**uarii **1805 AE**tatis **66**. **R**equiescat **I**n **P**ace.

Franz Joseph Anton Freiherr von Ulm-Langenrain Domkapitular und Erzpriester der Bischofskirche von Konstanz ist am 17. Februar 1805 im Alter von 66 Jahren gestorben. Er ruhe in Frieden.

Rückseite Mittelschiff: Epitaph Weihbischof Sigismund Miller
Totale

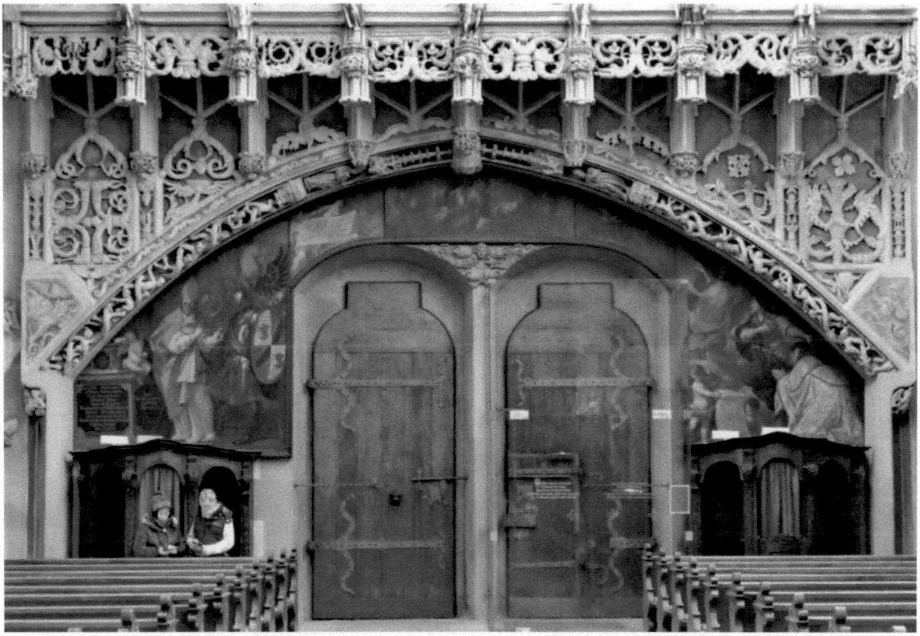

Im Bildband DAS KONSTANZER MÜNSTER UNSERER LIEBEN FRAU wird dieses Epitaph auf den Seiten 187 bis 189 ausführlich vorgestellt und übersetzt von Katharina Herrmann.

Epitaph Weihbischof Sigismund Miller linke Seite

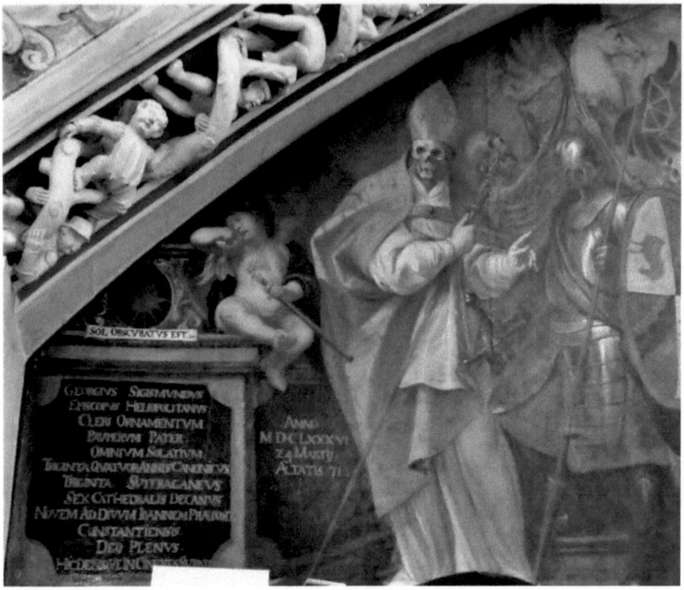

GEORGIUS SIGISMUNDUS EPISCOPUS HELIOPOLITANUS CLERI ORNAMENTUM PAUPERUM PATER OMNIUM SOLATIUM TRIGINTA QUATUOR ANNIS CANONICUS TRIGINTA SUFFRAGANEUS SEX CATHEDRALIS DECANUS NOVEM AD DIVUM IOANNEM PRAEPOSITUS CONSTANTIENSIS DEO PLENUS HIC DENIQUE IN CINERES SUBSIDIT

ANNO MDCLXXXVI 24. MARTIJ AETATIS 71.

Georg Sigismund Bischof von Heliopolis , Zierde des Klerus, Vater der Armen, Trost aller, war 34 Jahre Domherr, 30 Jahre Weihbischof, sechs Jahre Dekan der Kathedrale, neun Jahre Propst bei Sankt Johann in Konstanz. Er war von Gott erfüllt und hat sich schließlich hier in Asche niedergelegt.

Er ist im Jahre 1686 am 24. März im Alter von 71 Jahren gestorben.

SOL OBSCURATUS EST: Die Sonne ist verdunkelt

VELVT AQVA DILABIMUR 2.REG: Wie das Wasser versickern wir = wir müssen alle sterben.

Näheres siehe Das Konstanzer Münster unserer lieben Frau S.187

Rückseite Mittelschiff: Epitaph Weihbischof Sigismund

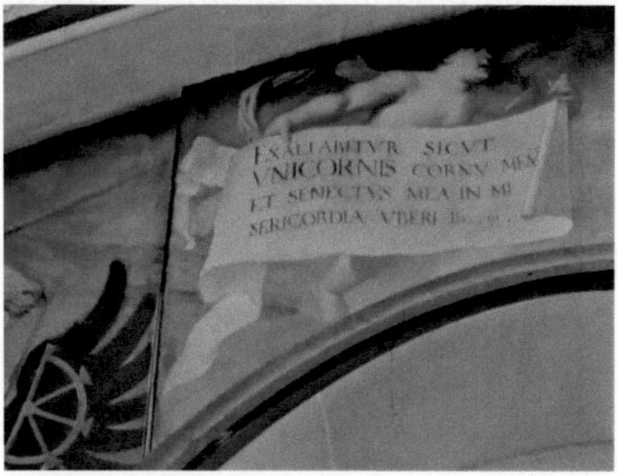

EXALTABITVR SICVT VNICORNIS CORNV MEVM ET SENECTVS MEA IN MISERICORDIA VBERI PSAL.91
Hier handelt es sich um zwei Stellen aus Psalm 91 und 92.
Mein Horn wird wie das eines Einhorns erhöht werden und mein Alter wird erhöht werden durch das Erbarmen der Brüste (Mariens).

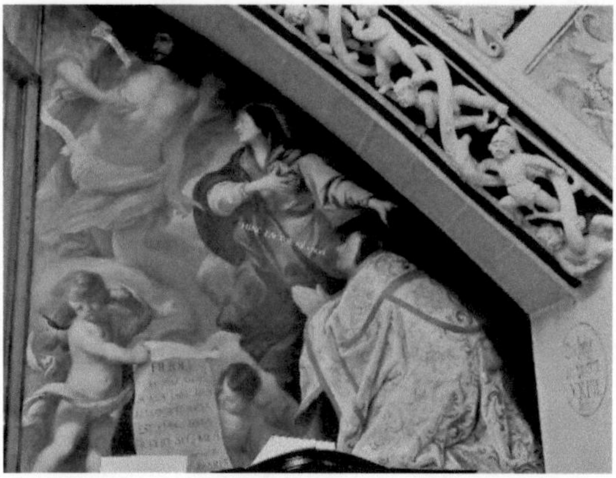

HINC PASCOR AB VVLNERE: hier weide ich mich an seiner Wunde = nehme ich Anteil am Leiden. HINC LACTOR AB VBERE: hier nähre ich mich an ihrer Brust.
FILIOLI HAEC PECCATORVM SCALA HAEC MEA MAXIMA FIDVCIA EST. HAEC TOTA RATIO SPEI MEAE.
Meine Söhne, das ist die Leiter für die Sünder, das ist meine größte Zuversicht, das ist der ganze Grund für meine Hoffnung.
*Nach Bernhard von Clairvaux „in nativitate B.V.Mariae **441B**“*

Rückwand Mittelschiff: Epitaph Dompropst und Generalvikar Josef Ignaz von Bildstein

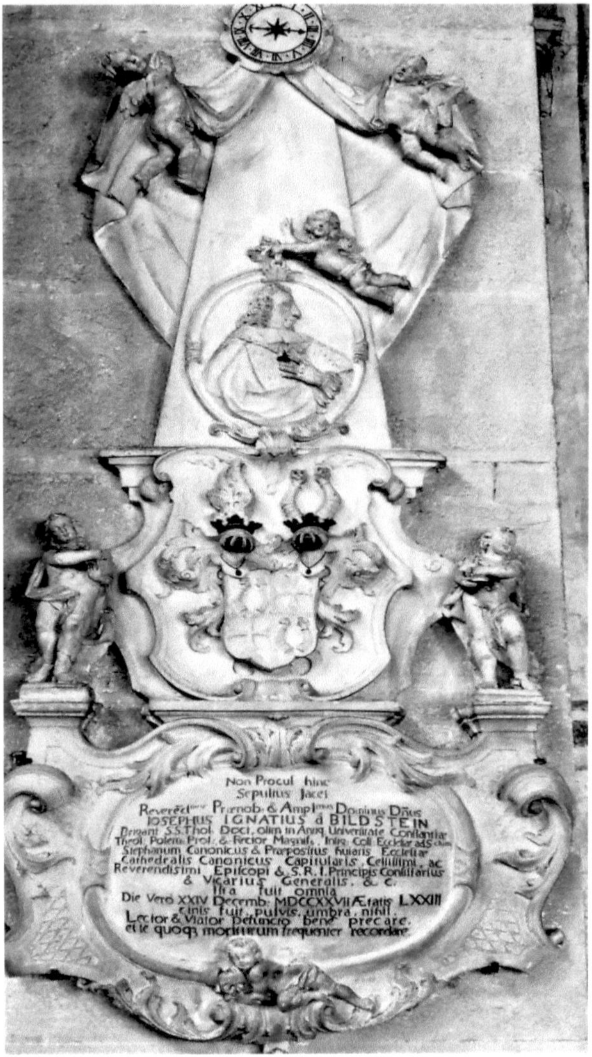

Übersetzung nächste Seite

Rückwand neben Haupteingang: Inschrift auf dem Epitaph Dompropst und Generalvikar Joseph Ignaz von Bildstein

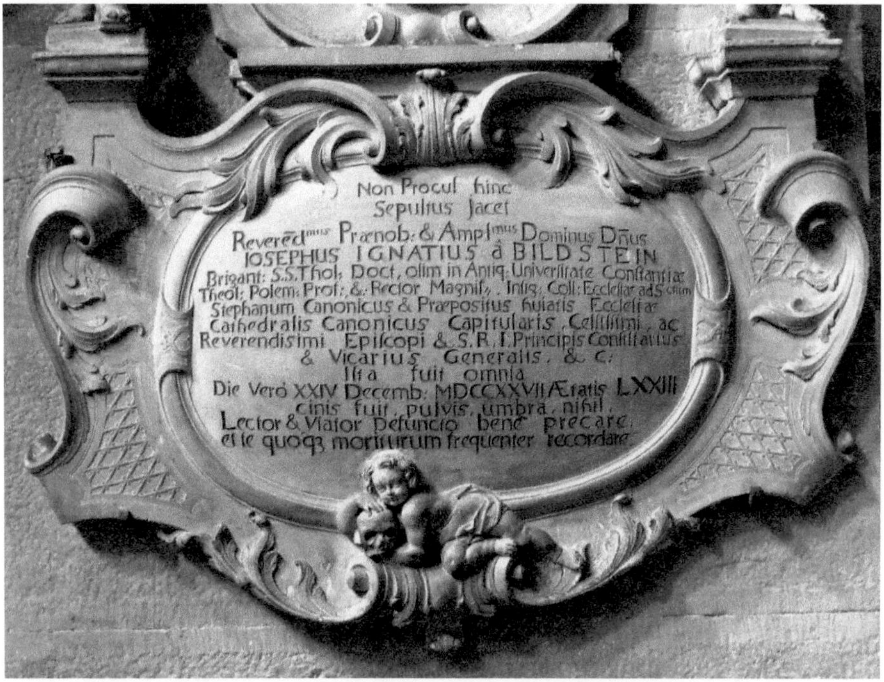

Non procul hinc sepultus jacet Reverendissimus Praenobilis & Amplissimus Dominus Dominus Josephus Ignatius a Bildstein Brigantinus Sanctissimae Th(e)ologiae Doctor, olim in Antiqua Universitate Constantiae Theologus: Polem: Professor: & Rector Magnificus, Insignis Collegiatae Ecclesiae ad Sanctum Stephanum Canonicus & Praepositus huiatis Ecclesiae Cathedralis Canonicus Capitularis, Celsissimi ac Reverendissimi Episcopi & Sacri Romani Imperii Principis Consiliarius & Vicarius Generalis & c: Ista fuit omnia Die Vero XXIV Decembris MDCCXXVII, Aetatis LXXIII cinis fuit, pulvis, umbra, nihil. Lector & Viator Defuncto bene precare et te quoque moriturum frequenter reccordare.

Nicht weit von hier liegt begraben der hochehrwürdige, edle und hochangesehene Herr, Herr Joseph Ignaz von Bildstein in Vorarlberg, Doktor der allerheiligsten Theologie, Kirchenlehrer einst in der alten Universität von Konstanz, Professor für Polemik und Rektor, verdienstvoller Domherr und Propst an der Stiftskirche zum heiligen Stephan, Domkapitular an dieser Bischofskirche, Berater und Generalvikar des erhabenen und ehrwürdigen Bischofs und Fürsten des heiligen römischen Reiches usw. Doch all das war am 24. Dezember 1727, als er mit 73 Jahren starb, Asche, Staub, Schatten, nichts! Leser und Pilger, bete eifrig für den Verstorbenen und denke oft daran, dass auch du sterben musst.

Südlich des Hauptportals: Epitaph Weihbischof Konrad Ferdinand Geist von Wildegg

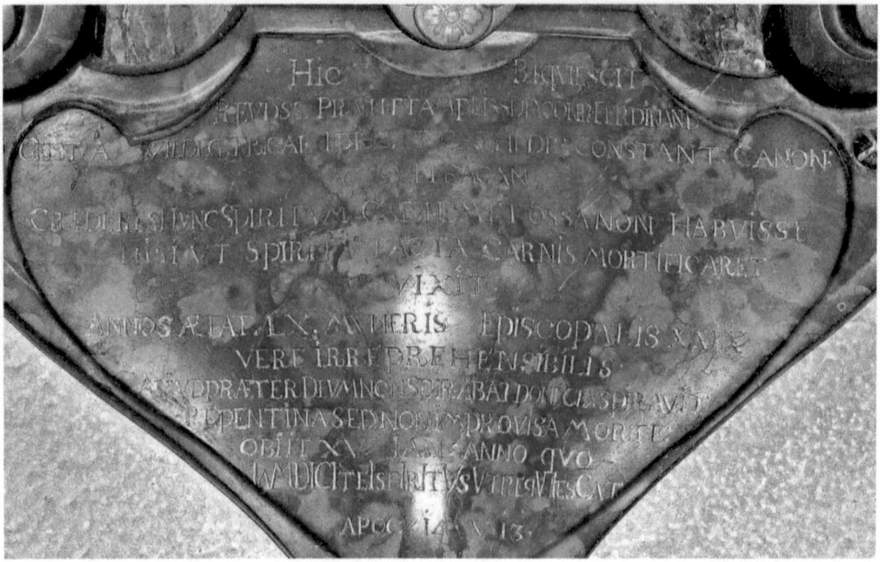

HIC REQUIESCIT REVERENDISSIMUS PRAENOBILIS ET AMPLISSIMUS DOMINUS DOMINUS CONRADUS FERDINAND GEIST A WILDEGG TRICALENSIS EPISCOPUS ET CATHEDRALIS CONSTANTIENSIS CANONICUS AC SUFFRAGANEUS CREDERES HUNC SPIRITUM CARNEM ET OSSA NON HABUISSE NISI UT SPIRITU FACTA CARNIS MORTIFICARET. VIXIT ANNOS AETATIS LX MUNERIS EPISCOPALIS XXIX VERE IRREPREHENSIBILIS ALIUD PRAETER DEUM NON SPIRABAT DONEC EXSPIRAVIT REPENTINA SED NON IMPROVISA MORTE OBIIT XV. IANUARII ANNO QUO IaM DICIte IspIrItVs Vt reqVIesCat (= 1722)

Hier ruht der hochehrwürdige, hochedle und erhabene Herr Herr Konrad Ferdinand Geist von Wildegg Bischof von Tricca und Domherr und Weihbischof der Bischofskirche zu Konstanz. Man hätte glauben können, dass dieser Geist nicht Knochen und nicht Fleisch besessen hätte, doch kann das Fleisch die geistigen Taten nicht töten. Es lebte 60 Jahre, davon 29 mit der Bischofswürde. Er war wahrhaft untadelig und sehnte sich nach nichts anderem als Gott, bis er eines plötzlichen, doch nicht unvorgesehenen Todes am 15. Januar 1722 starb. Und nun sagt, dass dieser Geist ruhen möge.

Die Jahreszahl 1722 ergibt sich aus der Auflösung des Chronogramms: MDCCVVVIIIIIII. Die letzte Zeile enthält einen Fehler: es muss heißen Is spIrItVs, dieser Geist.
Tricca ist ein Titularbistum in Griechenland.

Franz-Xaver-Kapelle: Epitaph Bischof Otto von Sonnenberg

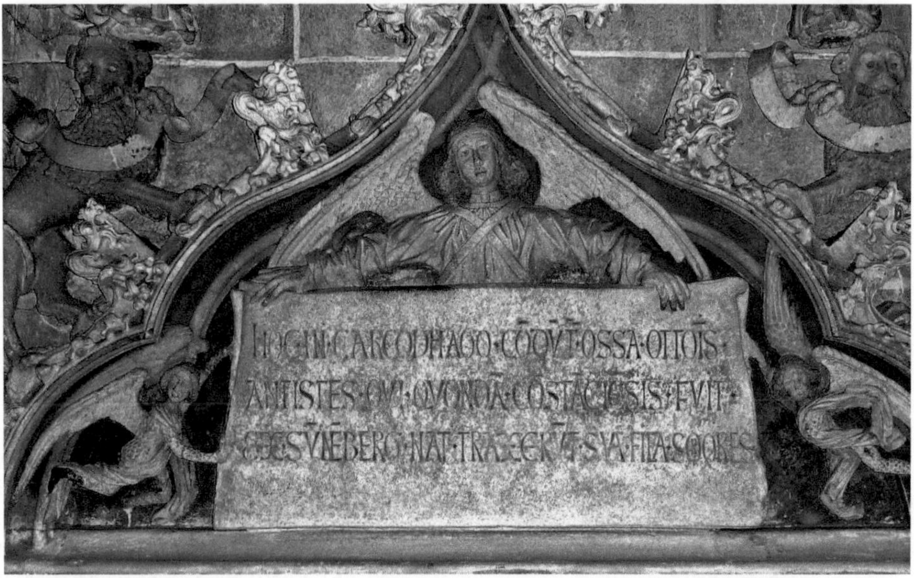

HOC IN CARCOPHAGO CODVT OSSA OTTOIS
ANTISTES QVI QVONDA
COSTACIESIS FVIT EX SVNEBERG NAT TRAXERVT
FILA SORORES

HOC IN CARCOPHAGO CONDUNT OSSA OTTONIS ANTISTES QUI QUONDAM CONSTANTIENSIS FUIT EX SUNNENBERG NATUS TRAXERUNT SUA FILA SORORES

In diesem Sarkophag ruhen die Gebeine von Otto gebürtig aus Sonnenberg, der einst Bischof von Konstanz war. Die Schwestern (die Parzen) haben sein Schicksal bestimmt (die Fäden gezogen)

Otto von Sonnenberg stammt aus dem Geschlecht der Truchsessen von Waldburg. Er war während des Konstanzer Bistumsstreits 1474-1491 neben Ludwig von Freiberg Bischof von Konstanz.

Welserkapelle: Totentafel für Matthäus und Severin Welser

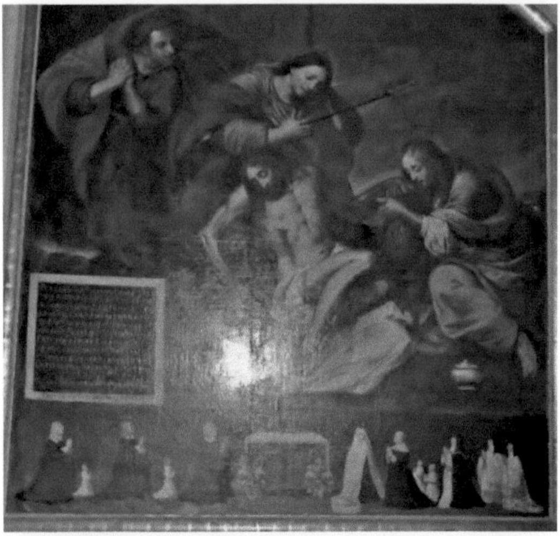

Dargestellt ist die Beweinung Christi signiert IO(hannes) ANDREAS ASPER P(inxit) 1660. Auf dem Sockelstreifen Altar mit den Wappen Welser und seiner Frau

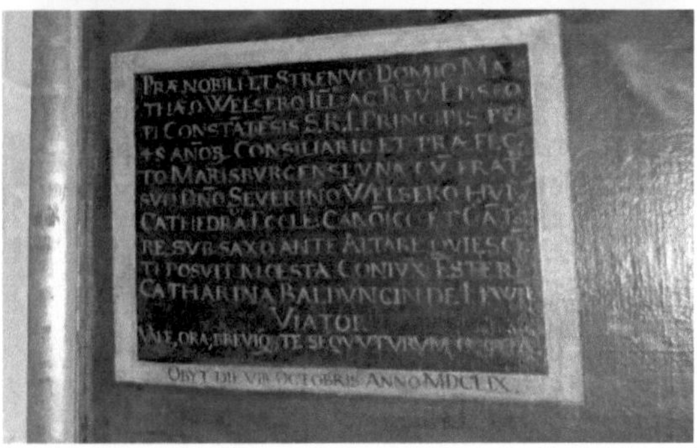

PRAENOBILI ET STRENVO DOMINO MATHAEO WELSERO ILLUSTRISSIMI AC REVERENDISSIMI EPISCOPI CONSTANTIENSIS SACRI ROMANI IMPERII PRINCIPIS PER 45 ANNORUM CONSILIARIO ET PRAEFECTO MARISBVRGENSI VNA CVM FRATRE SVO DOMINO SEVERINO WELSERO HVIVS CATHEDRALIS ECCLESIAE CANONICO ET CANTORE SVB SAXO ANTE ALTARE QVIESCENTI POSVIT MOESTA CONIVX ESTHER CATHARINA BALDVNGIN DE LEWEN: VIATOR VALE ORA BREVIQUE TE SEQVVTVRVM COGITA OBYT DIE VIII OCTOBRIS ANNO MDCLIX

Für den höchst edlen und tüchtigen Herrn Mathäus Welser über 45 Jahre Ratgeber des erlauchtesten und ehrwürdigsten Bischofs von Konstanz und Fürst des heiligen römischen Reiches, den Präfekten von Meersburg, und ebenso für seinen Bruder Herrn Severin Welser Domherr und Kantor dieser Bischofskirche, der hier unter einer Platte nahe dem Altar liegt, hat di trauernde Gattin Esther Katharina Baldung von Löwen (dieses Denkmal) gesetzt. Pilger, leb wohl bete und denk daran, dass du bald folgen wirst. Er starb am 8. Oktober 1659.

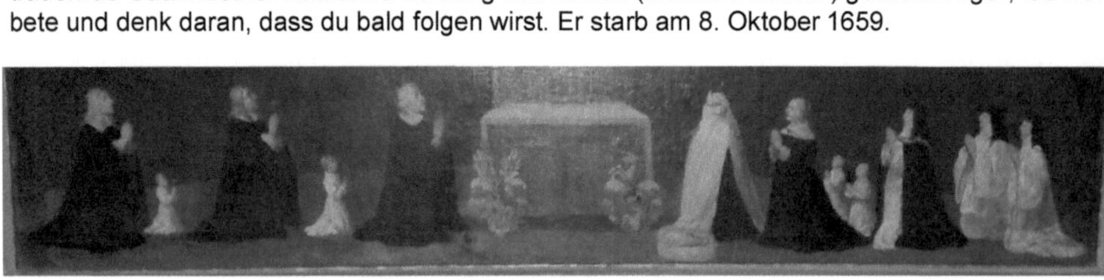

Die Stifter: die noch lebenden Mitglieder der Familie Welser

Neben dem Nordportal: Epitaph Generalvikar Franz Johann Anton von Sirgenstein

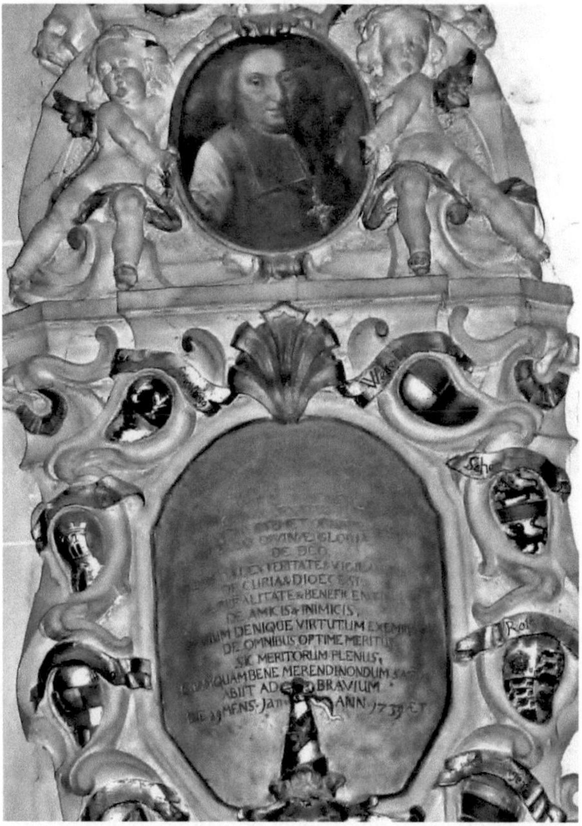

HIC A LABORIBUS QUIESCIT REVERENDISSIMUS & PERILLUSTRIS DOMINUS DOMINUS FRANCISCUS IOANNES ANTONIUS De & in SIRGENSTEIN, Episcopus Uthinensis Reverendissimi & Celsissimi Sacri Romani Imperii Principis ac Episcopi Constantiensis & Augustanei Suffraganeus & Vicarius Generalis Consiliarius Ecclesiasticus Praefectus Ecclesiae Cathedralis Constantiensis Canonicus & Summus Custos & Ecclesiae Collegiatae ad Sanctum Joannem Praepositus. GRANDIUM DIGNITATUM QUIBUS ORNATUS FUIT GRANDIUS IPSEMET ORNAMENTUM ZELO DIVINAE GLORIAE DE DEO PRUDENTIA DEXTERITATE & VIGILANTIA DE CURIA ET DIOCESI LIBERALITATE & BENEFICENTIA DE AMICIS & INIMICIS OMNIUM DENIQUE VIRTUTUM EXEMPLIS MERITORUM PLENUS QUAMQUAM BENE MERENDI NONDUM SATUR ABIIT AD BRAVIUM DIE 29 MENSIS Januarii ANNO 1739. AET..

Übersetzung der Inschrift nächste Seite

Epitaph Franz Johann Anton von Sirgenstein: Übersetzung der Inschrift

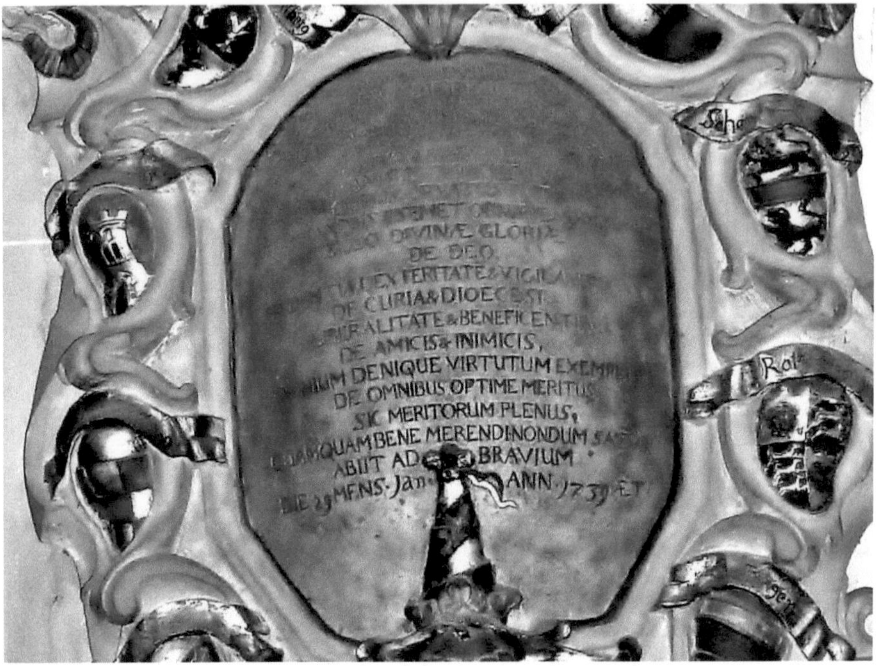

Hier ruht aus von seinen Mühen der hochverehrte und erlauchte Herr Herr Franz Johann Anton von und in Sirgenstein. Er war Bischof von Uthina (in Tunesien) und Weihbischof und Generalvikar des höchst ehrwürdigen und erhabenen Reichsfürsten und Bischofs von Konstanz und Augsburg, er war Berater in allen kirchlichen Angelegenheiten, Präfekt an der Kathedrale zu Konstanz sowie Domherr und oberster Küster, weiterhin war er Propst an der Stiftskirche St. Johann. Von allen Würden, mit denen er ausgestattet war, war er selbst die größte Zierde in seinem Eifer, Gottes Ruhm zu mehren. Mit Klugheit, Geschick und Sorgfalt kümmerte er sich um den Hof und das Bistum, Großzügigkeit und Wohltätigkeit ließ er gegenüber Freunden und Feinden walten. Schließlich machte er sich, obwohl er noch nicht gesättigte war in seinem Bestreben, sich verdient zu machen, voll von Beispielen aller Tugenden am 29. Januar 1739 auf, um seinen Lohn zu erhalten.

(am Ende der Inschrift steht noch AET, aber das Lebensalter 56 fehlt. Er wurde geboren 1683 in Meersburg).

Über Nordportal: Epitaph
Bischof Franz Schenck von Stauffenberg

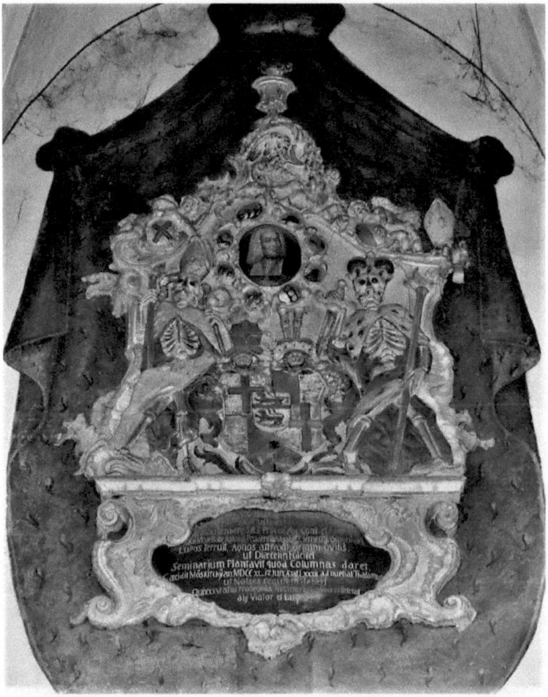

Sta Viator et Lege. Hic jacet Reverendissimus et Celsissimus Dominus Dominus Joannes Franciscus ex liberorum baronum Schenck de Stauffenberg Sacri Romani Imperii Princeps et Episcopus Constantiensis et Augustensis. Qui Majestate Amabili, Prudentia Mirabili, Clementia Singulari Lupos terruit, Agnos attraxit gemini ovilis. Ut Diocesin Fulciret Seminarium Plantavit quod Columnas daret. Caecidit Möskirchy an(nn MDCCXL 1Z junii Aetatis LXXXII ad nuptial Thalamum ut Nosses requiem deberj Qui XXXVI annis pro Sponsa sua inter summos labores steterat. abj Viator et Luge .

Bleib stehen, Pilger, und lies! Hier ruht der hochwürdigste und hochgerühmte Herr, Herr Johann Franz Baron Schenck von Stauffenberg, Fürst des heiligen römischen Reiches und Bischof von Konstanz und Augsburg. Mit liebenswürdiger Erhabenheit, wunderbarer Klugheit und einzigartiger Sanftmut schreckte er die Wölfe. Die Schafe seiner zweifachen Herde zog er an sich. Um die Diözese zu stützen, gründete er ein Seminar, welches Säulen hervorbringen sollte. Er starb in Messkirch im Jahre 1740, am 12. Juni, im Alter von 82 Jahren bei einem Hochzeitsfest.

Nimm zur Kenntnis, dass ihm Ruhe gebührt, der 36 Jahre lang für die ihm anvertraute Braut (die Diözese) unter höchster Anstrengung gestanden hat. Geh, Pilger und trauere.

Bei dem Hochzeitsfest handelt es sich um die goldene Hochzeit von Fürst Ferdinand von Fürstenberg und Gräfin Marie Therese von Sulz. Stauffenberg hatte den Gottesdienst zelebriert und war anschließend verstorben.

Neben Nordportal: Epitaph Domkapitular und Dekan Franz Karl von Pappus und Tratzberg

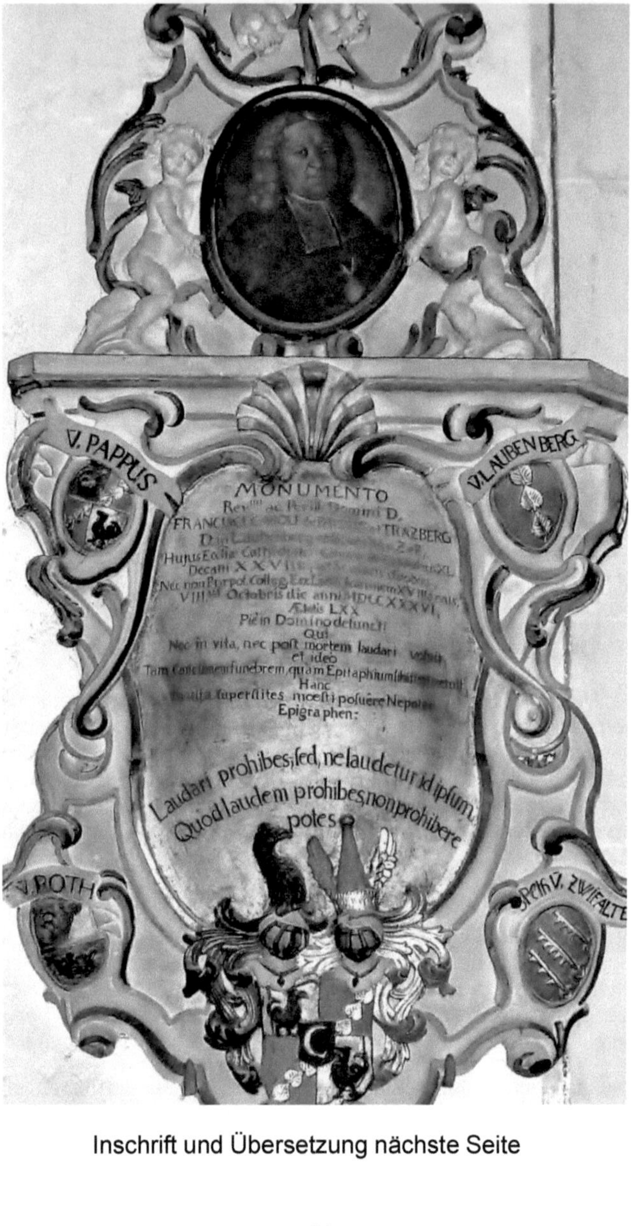

Inschrift und Übersetzung nächste Seite

Inschrift Epitaph Franz Karl von Pappus und Tratzberg

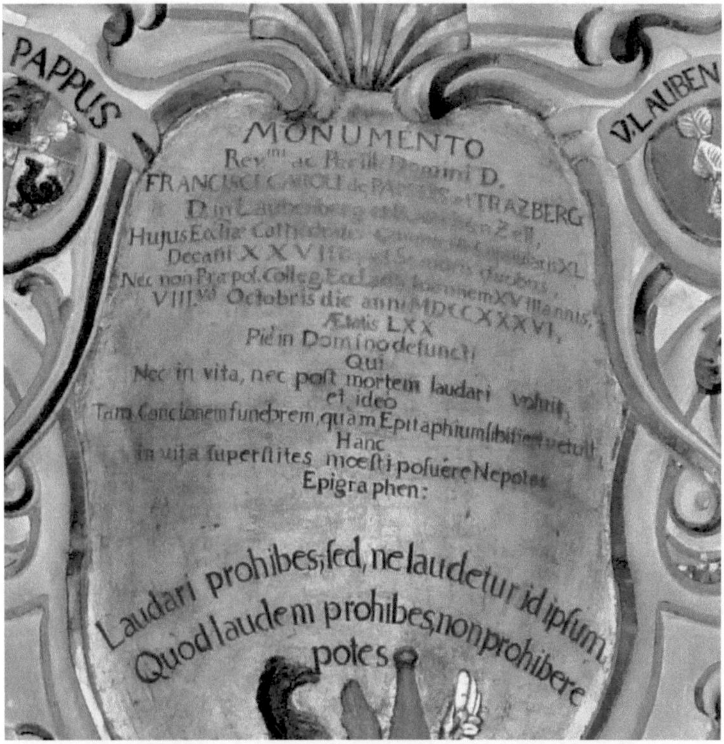

MONUMENTO Reverendissimi ac perillustris Domini Domini FRANCISCI CAROLI de PAPPUS et TRAZBERG Domini in Laubenberg et Rauchenzell, Hujus Ecclesiae Cathedralis Canonici & Capitularis XL Decani XXVIII et Senioris duobus, Nec non Praepositi Collegiatae Ecclesiae ad Sanctum Joannem XVIII annis VIIIva Octobris die anni MDCCXXXVI, Aetatis LXX Pie in Domino defuncti Qui nec in vita, nec post mortem laudari voluit, et ideo Tam Concionem funebrem, quam Epitaphium sibi fieri vetuit. Hanc In vita superstites moesti posuere Nepotes Epigraphen : Laudari prohibes ; sed, ne laudetur id ipsum Quod laudem prohibes, non prohibere potes.

Zur Erinnerung an den hochwürdigsten und erlauchten Herrn, Herrn Franz Karl von Pappus und Tratzberg. Er war Herr in Laubenberg und Rauchenzell, Domherr dieser Bischofskirche und 40 Jahre Domkapitular, 28 Jahre Dekan und zwei Jahre Senior. Er war außerdem Propst der Stiftskirche zu Sankt Johann während 18 Jahren. Er starb am 8. Oktober des Jahres 1736 im Alter von 70 Jahren.
Der fromm in Gott Entschlafene wollte weder im Leben noch im Tod gelobt werden, und deshalb hat er angeordnet, dass seinetwegen weder ein Leichenbegängnis stattfinden noch ein Epitaph errichtet werden solle.
Diese Inschrift haben die trauernden überlebenden Neffen angebracht: Du verhinderst gelobt zu werden; aber du kannst nicht verhindern, dass eben dies, dass du nicht gelobt werden willst, gelobt wird.

Epitaph Baron Ludwig von Mercy am Pfeiler unter der Kanzel

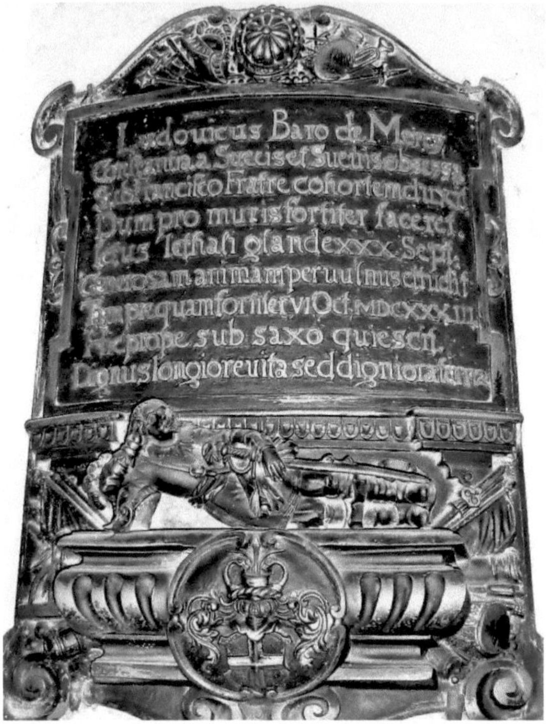

Ludouicus Baro de Mercy Constantia a Suecis et Sueuis obsessa Sub Francisco Fratre cohortem duxit. Dum pro muris fortiter faceret Ictus lethali glande XXX. Septembris Generosam animam per vulnus effudit Tam pie quam fortiter VI. Octobris MDCXXXIII Hic prope sub saxo quiescit. Dignus longiore uita sed dignior aeterna.

Ludwig Freiherr von Mercy hat während der Belagerung von Konstanz durch die Schweden und Schwaben unter seinem Bruder Franz (Oberbefehlshaber der kaiserlichen Truppen) eine Einheit angeführt. Während er vor den Mauern tapfer zu Werke ging, traf ihn am 30. September die tödliche Kugel. Durch die Wunde ließ er seine edle Seele entweichen ebenso fromm wie tapfer am 6. Oktober 1633. Er ruht hier ganz in der Nähe unter einem Stein. Er wäre eines längeren Lebens würdig gewesen, aber er ist noch würdiger des ewigen Lebens.

Ostpfeiler der Annakapelle: Epitaph Domkapitular Johann Sigismund von Bernhausen

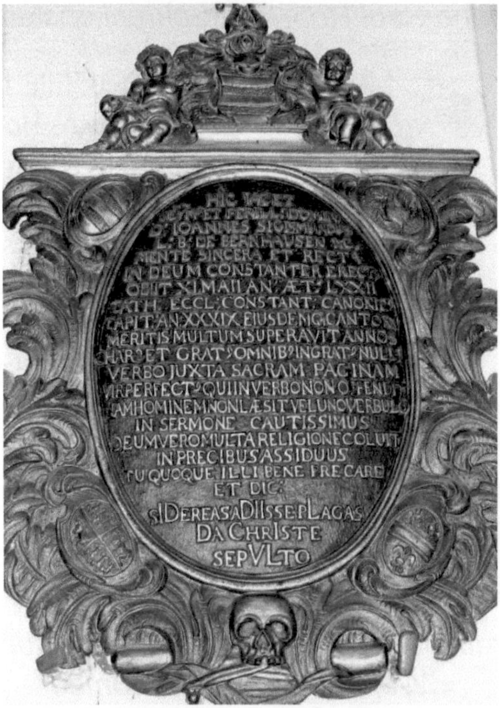

HIC IACET REVERENDISSIMUS ET PERILLUSTRIS DOMINUS DOMINUS IOANNES SIGISMUNDUS LIBER BARO DE BERNHAUSEN & C. MENTE SINCERA ET RECTA IN DEUM CONSTANTER ERECTUS OBIIT XI. MAII ANNORUM AETATIS LXXII CATHEDRALIS ECCLESIAE CONSTANTIENSIS CANONICUS CAPITULARIS ANNOS XXXIX EIUSDEMQUE CANTOR MERITIS MULTUM SUPERAVIT ANNOS. CHARUS ET GRATUS OMNIBUS INGRATUS NULLI VERBO JUXTA SACRAM PAGINAM VIR PERFECTUS QUI IN VERBO NON OFFENDIT NAM HOMINEM NON LAESIT VEL UNO VERBULO IN SERMONE CAUTISSIMUS DEUM VERO MULTA RELIGIONE COLUIT IN PRECIBUS ASSIDUUS TU QUOQUE ILLI BENE PRECARE ET DIC: sIDereas aDIIsse pLagas Da ChrIste sepVlto (Chronogramm DDD C LL V IIII = 1709)

Hier liegt begraben der ehrwürdige und hochangesehene Herr Herr Johann Sigismund Freiherr von Bernhausen. Mit reiner und aufrechter Gesinnung beständig auf Gott gerichtet starb er am 11. Mai im Alter von 72 Jahren. Er war 49 Jahre lang Domkapitular an der Bischofskirche zu Konstanz und auch deren Kantor. Seine Verdienste überdauern die Jahre. Er war liebenswert und freundlich gegen jedermann, niemandem gegenüber unfreundlich, gemäß der heiligen Schrift ein vollkommener Mann, der in seiner Rede niemanden auch nur mit einem einzigen Wort herabsetzte; er war äußerst bedacht in seiner Rede und ehrte Gott ohne Unterlass mit großer Hingabe. Bitte auch du für ihn und sprich: Christus gib, dass der hier Begrabene die himmlischen Gefilde erlangt hat.

Zwischen Anna- und Barbarakapelle: Epitaph Domherr Johann Paul Roth von Schreckenstein

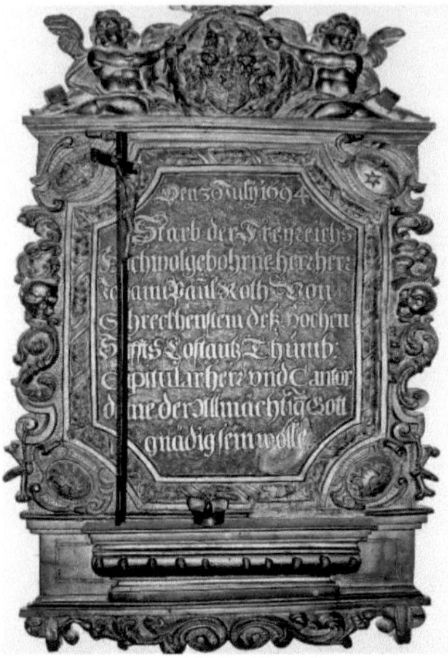

Den 30. Julij 1694 starb der Freyreichs Hochwolgebohrne herr, herr Johann Paul Roth von Schreckenstein desz hochen Stiffts Costantz Thumb: Capitularherr und Cantor deme der Allmächtige Gott gnädig sein wolle

Kreuzgang am Durchgang zur Rotunde Wappenstein von Bodman

Die Jahreszahl 1733 nennt das Todesjahr von Domherr Johann Wolfgang von Bodman.

1733 R.I.P.

Zwischen Anna- und Barbarakapelle
Epitaph Dekan Leonhard von Pappus und Tratzberg

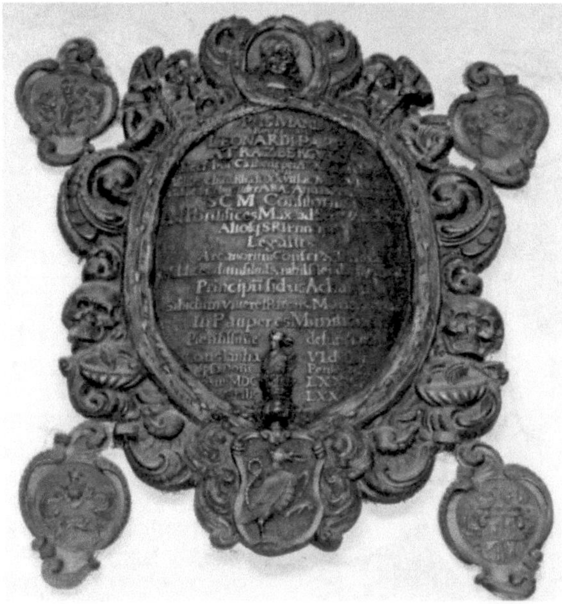

PIIS MANIBUS REVERENDISSIMI DOMINI DOMINI LEONARDI PAPPUS A TRATZBERG UTRIUSQUE IURIS DOCTORIS Ecclesiae huius Cathedralis per Annos XXXII Decanus qui Veldkirchii in Rhaetia XXVII Ianuarii MDCVII natus Publicisque rebus inter ARAS Arma et Aulas admodum S.C.M. Consiliarius Ad Pontifices Maximos: ad Serenissimos Archiduces Aliosque Sacri Imperii Principes Legatus. Arcanorum Conscius & Teanax Nil dicendum siluit & nihil silendum edixit Principum fidus Achates. Sibi dum viveret Parcus, Moriens vero in Pauperes Munificus. Pientissime defunctus est Constantiae VI die Iunii: Ipsa Dom: Pentecost: Anno MDCLXXVII Aetatis LXX.

(Dieses Denkmal ist geweiht) den rechtschaffenen Manen des hochwürdigen Herrn Herrn Leonhard Pappus von Tratzberg, Doktor beider Rechte. Er war 32 Jahre lang Dekan dieser Kathedrale. Er wurde am 27. Januar 1607 in Feldkirch in Rhätien geboren. Er war betraut mit öffentlichen Geschäften im kirchlichen, militärischen und politischen Bereich, war kaiserlicher Berater. Er beriet die bedeutendsten Bischöfe und war Gesandter bei den erlauchtesten Erzherzögen und anderen Fürsten des heiligen römischen Reiches. Er war in viele Geheimnisse eingeweiht und behielt sie gewissenhaft bei sich, er verschwieg nichts, was man sagen musste und sprach kein Wort über Dinge, die zu verschweigen waren. Während er sparsam lebte, war er aber im Tode freigebig gegenüber den Armen. In frommer Gesinnung ist er in Konstanz am 6. Juni, dem Pfingstfest 1677, im Alter von 70 Jahren gestorben.

Zwischen Josephs- und Barbarakapelle: Epitaph Dekan Georg Dietrich

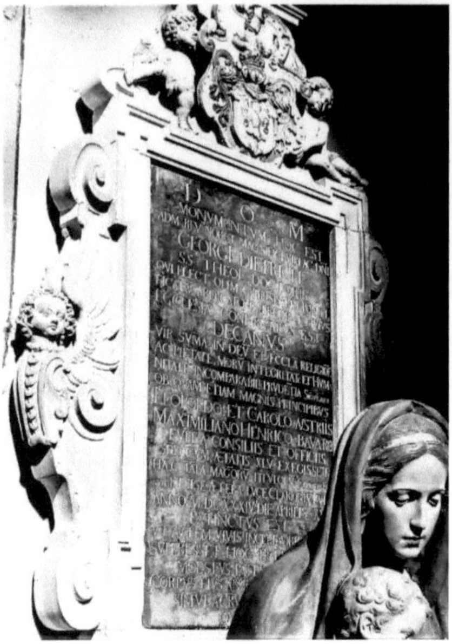

DEO OPTIMO MAXIMO MONUMENTUM HOC EST ADMODUM REVERENDI NOBILIS ET MAGNIFICI VIRI AC DOMINI GEORGI DIETRICH SANCTISSIMAE THEOLOGIAE DOCTORIS QUI ELECTUS OLIM CURIENSIS EPISCOPUS PONTIFICATU ABDICATO CATHEDRALIS HUIUS ECCLESIAE CONFIRMATUS EST DECANUS VIR SUMMA IN DEUM ET ECCLESIAM RELIGIONE AC PIETATE; MORUM INTEGRITATE ET HUMANITATE INCOMPARABILI PRUDENTIA SINGULARI OB QUAM ETIAM MAGNIS PRINCIPIBUS LEOPOLDO ET CAROLO AUSTRIIS MAXIMILIANO HENRICO BAVARO FUIT A CONSILIIS ET OFFICIIS SED CUM AETATIS XLV EXEGISSET HAEC TANTA MAGNORUM TITULORUM CLARITAS EVANUIT ET IPSE AETERNA LUCE CLARIOR FUTURUS ANNO MDCXXXIV DIE APRILIS XVIII EXTINCTUS EST UT AUTEM VIVIS INCLYTI VIRI MEMORIA SUPERESSET HOC ET EPITAPHIUM MOESTUS PATER EREXIT CORPUS EIUS ANTE AENEUM BEATISSIMAE VIRGINIS SIMULACRUM IN HAC AEDE QUIESCIT:

Dem allmächtigen Gott ist geweiht diese Erinnerungstafel für den höchst ehrwürdigen, edlen und großartigen Mann und Herrn Georg Dietrich, Doktor der allerheiligsten Theologie, der einst zum Bischof von Chur gewählt wurde, dann aber auf seine Bischofswürde verzichtete und als Dekan dieser Kathedrale bestätigt wurde. Er war ein Mann von großer und frommer Bindung an Gott und die Kirche, von untadeligen Sitten und unvergleichlicher Menschlichkeit, einzigartiger Klugheit, weshalb er auch Berater und in Diensten der großen Fürsten Leopold und Karl von Österreich und Heinrich von Bayern war. Doch als er 45 Lebensjahre vollendet hatte, verblasste der große Glanz all dieser Ehrenämter und er, der in Zukunft heller als das ewige Licht sein wird, ist im Jahre 1634 am 18. April erloschen. Damit die Erinnerung an diesen erlauchten Mann erhalten bleibt, hat der trauernde Vater diese Gedenktafel errichtet. Sein Leib ruht vor dem ehernen Bild der seligen Jungfrau in dieser Kirche.

Eingang Josephskapelle
Bronze-Epitaph Domherr Philipp Werner Thum

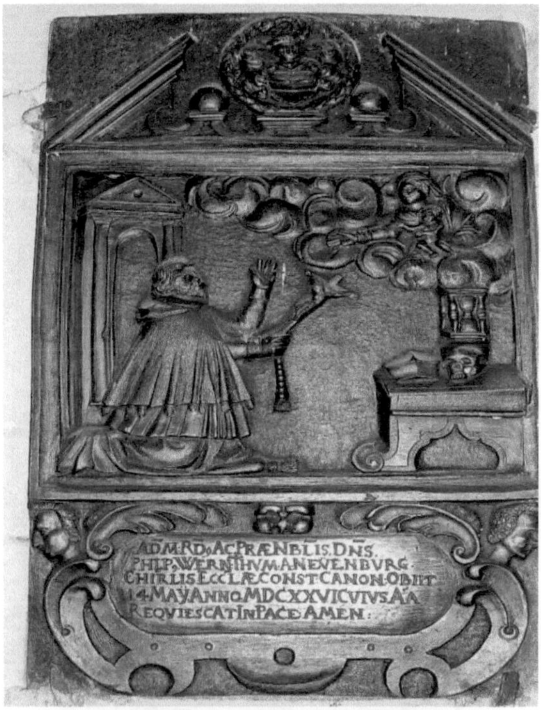

ADM RD9 AC PRAENBLIS DNS PHLP9 WERN THUM A NEVENBVRG CHIRLIS ECCLAE CONST CANON OBIIT 14 MAY ANNO MDCXXVI CVIVS AA REQVIESCAT IN PACE AMEN

ADMODVM REVERENDVS AC PRAENOBILIS DOMINVS PHILIPPVS WERNHERVS THVM A NEVENBVRG CATHEDRALIS ECCLESIAE CONSTANTIENSIS CANONICVS OBIIT 14 MAY ANNO MDCXXVI CVIVS ANIMA REQVIESCAT IN PACE AMEN

Der hochehrwürdige und hochwohlgeborene Herr Philipp Werner Thum aus Neuenburg Domherr der Bischofskirche zu Konstanz starb am 14 Mai 1626. Möge seine Seele in Frieden ruhen. Amen.

Zwischen Mauritius- und Josephskapelle
Bronzeepitaph Domkapitular C.A.Pfeiffer von Altishofen

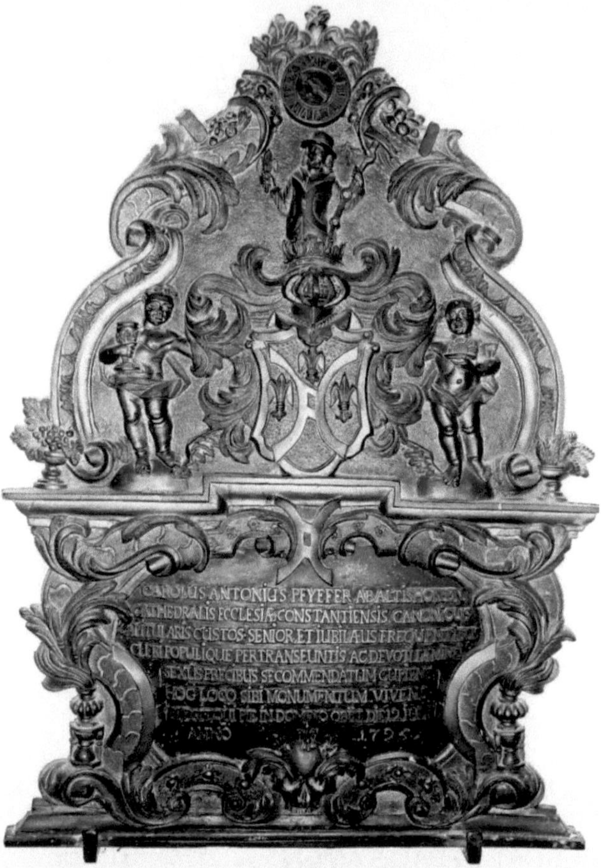

CAROLUS ANTONIUS PFYFFER AB ALTISHOFEN CATHEDRALIS ECCLESIAE CONSTANTIENSIS CANONICUS CAPITULARIS CUSTOS SENIOR ET JUBILAEUS FREQUENTIBUS CLERI POPULIQUE PERTRANSEUNTIS AC DEVOTI FAEMINEI SEXUS PRECIBUS SE COMMENDATUM CUPIENS HOC LOCO SIBI MONUMENTUM VIVENS ELEGIT; QUI PIE IN DOMINO OBIIT DIE 12. IULII ANNO 1725.

Karl Anton Pfeiffer von Altishofen, Domkapitular, Kustos, Senior und Jubilar an der Kathedralkirche zu Konstanz hat sich zu Lebzeiten an dieser Stelle eine Gedenkstätte ausgewählt, mit dem Wunsch, dass er durch häufige Gebete des vorbeiziehenden Klerus und der Bevölkerung sowie des gottergebenen weiblichen Geschlechtes der Gnade Gottes empfohlen werde. Er ist in Gott fromm entschlafen am 12. Juli des Jahres 1725.

Neben Josephskapelle: Epitaph Dekan Johann Jakob Vogt von Altensummerau und Prasberg

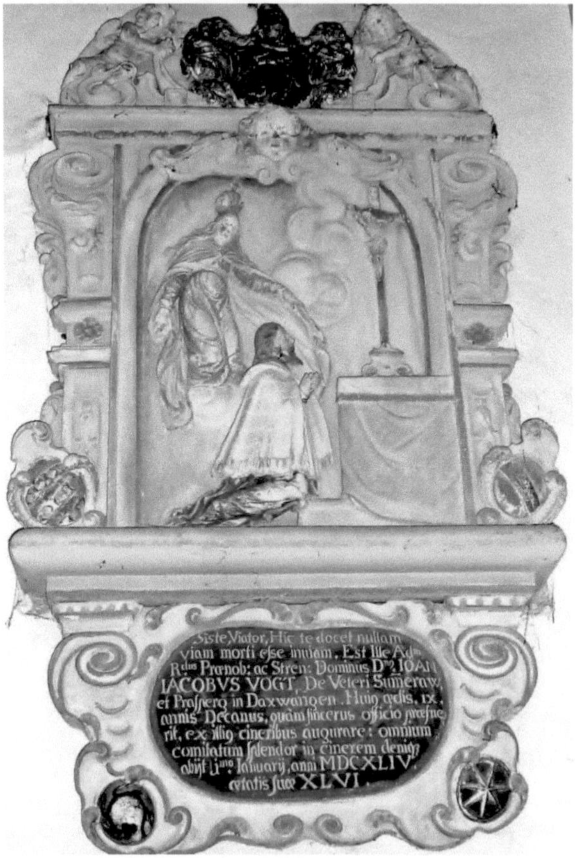

Siste, Viator, Hic te docet nullam viam morti esse inviam . Est Ille Admodum Reverendus Praenobilis ac Strenuus Dominus Dominus IOANNES IACOBUS VOGT De Veteri Summeraw et Prasberg in Daxwangen. Huius aedis IX annis Decanus, quam sincerus officio praefuerit, ex illius cineribus augurare: omnium comitatum splendor in cinerem denique abijt. Primo Ianuarij, anni MDCXLIV aetatis suae XLVI

Halt an, Pilger! Dieser hier wird dich lehren, dass es für den Tod keinen unbegehbaren Weg gibt. Es ist der hochehrwürdige, edle und tüchtige Herr, Herr Johann Jakob Vogt aus Altensummerau und Prasberg in Daxwangen. Wie aufrecht er während 9 Jahren als Dekan in diesem Gotteshaus sein Amt versah, magst du aus seiner Asche erahnen: Glanz und Würde aller Gefolgschaften ist schließlich zu Staub zerfallen. Er starb am 1. Januar des Jahres 1644 im Alter von 46 Jahren.

Nordschiff: Grabplatte Domkapitular Johann Nepomuk von Roll zu Bernau

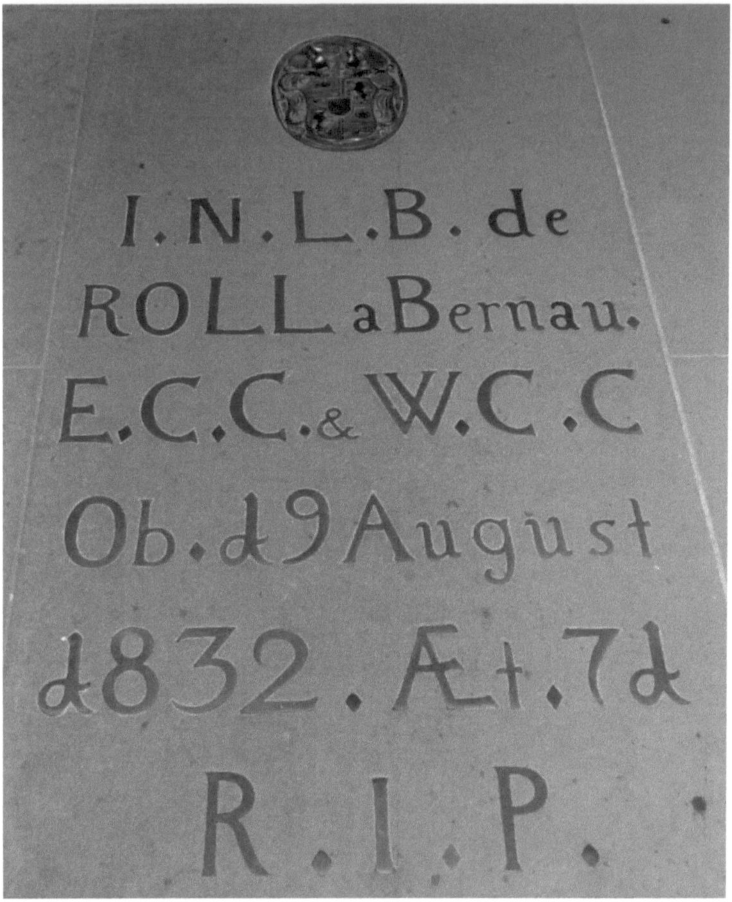

Iohannes **N**epomuc **L**iber **B**aro **de Roll a Bernau** **E**cclesiae **C**athedralis **C**onstantiensis **& W**irceburgensis **C**anonicus **C**apitularis **Ob**iit **19 August**i **1832 AEt**atis **71 R**equiescat **I**n **P**ace

Johann Nepomuk Freiherr von Roll zu Bernau Domkapitular an der Bischofskirche zu Konstanz wie auch in Würzburg ist am 19. August 1832 im Alter von 71 Jahren gestorben. Er ruhe in Frieden

Nordschiff: Grabplatte Kantor Reichsgraf Johann Ernst von Königsegg

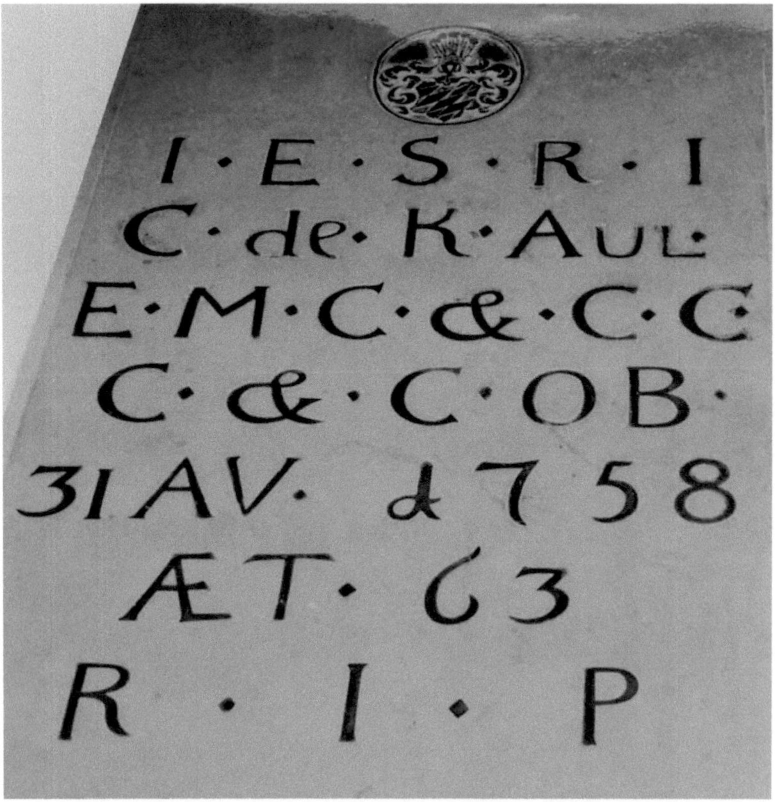

Iohannes **E**rnestus **S**acri **R**omani **I**mperii **C**omes **de** **K**önigsegg-**Aul**endorf **E**cclesiae **M**etropolitanae **C**oloniensis **&** **C**athedralis **C**onstantiensis **C**anonicus **&** **C**antor **OB**iit **31** **AV**gusti **1758** **AET**atis **63** **R**equiescat **I**n **P**ace

Johann Ernst Reichsgraf von Königsegg-Aulendorf Domherr und Kantor an der erzbischöflichen Kirche zu Köln und an der Kathedrale zu Konstanz starb am 31. August 1758 im Alter von 63 Jahren. Er ruhe in Frieden.

Nordschiff: Grabplatte Domkapitular Franz Karl von Razenried

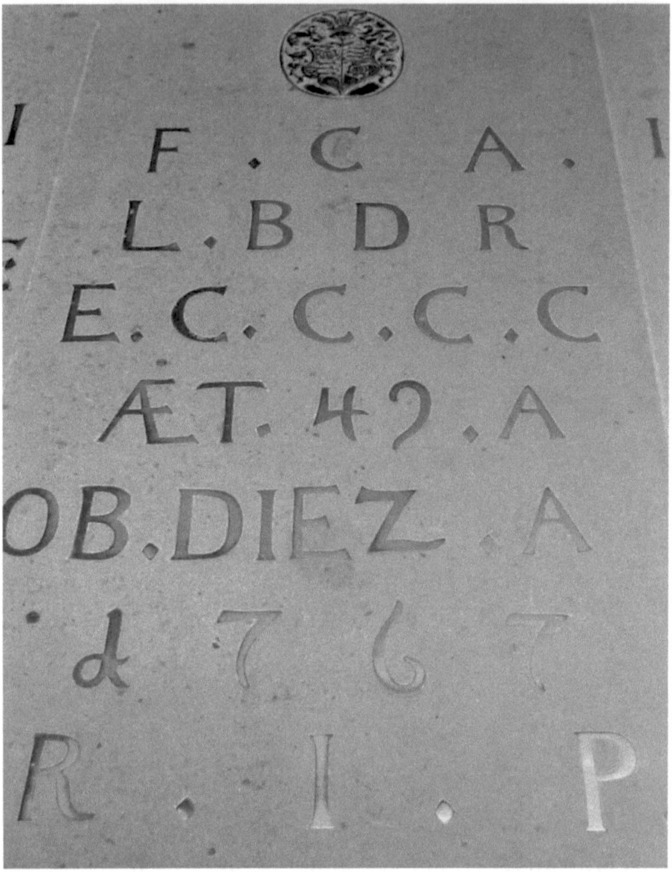

F(ranciscus) **C**(arolus) **A**(ntonius) **L**(iber) **B**(aro) **D**(e) **R**(azenried) **E**(cclesiae) **C**(athedralis) **C**(onstantiensis) **C**(anonicus) **C**(apitularis) **AET**(atis) **49 A**(nnis) **OB**(iit) **DIE Z A**(prilis) **1767 R**(equiescat) **I**(n) **P**(ace)

Franz Karl Anton Freiherr von Razenried Domkapitular an der Bischofskirche zu Konstanz ist im Alter von 49 Jahren am 2. April 1767 gestorben. Er ruhe in Frieden

Nordschiff Nähe Nordportal: Grabplatten Domherr Johann Nepomuk Graf Montfort und Erzpriester Johann Martin Georg von Beroldingen

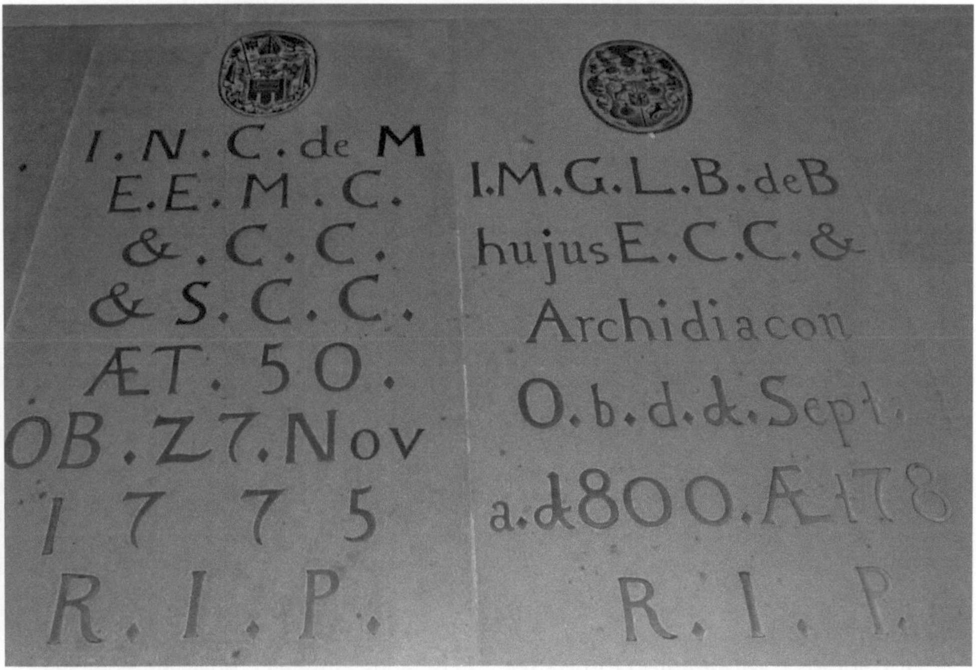

Links: **I**ohannes **N**epomucenus **C**omes **de M**ontfort **E**cclesiae **M**etropolitanae **C**oloniensis **&** **C**athedralis **C**onstantiensis **&** **S**ummus **C**ustos **C**anonicus **AET**atis **50** **OB**iit **27. Nov**embris **1775**. **R**equiescat **I**n **P**ace
Johann Nepomuk Graf von Monrfort, oberster Küster und Domherr an der erzbischöflichen Kirche zu Köln und an dieser Kathedrale ist am 27. November 1775 im Alter von 50 Jahren gestorben. Er ruhe in Frieden.
Die Doppelung des E in Zeile dient als Zeichen des Plurals, hier also ecclesiarum.

Rechts: **I**ohannes **M**artinus **G**eorgius **L**iber **B**aro **de B**eroldingen **hujus E**cclesiae **C**athedralis **C**anonicus **&** **A**rchidiaconus **O.b.**iit **d**ie **1. Sept**embris **a**nni **1800** **AET**atis **78**. **R**equiescat **I**n **P**ace.

Johann Martin Georg Freiherr von Beroldingen Domherr und Erzpriester dieser Kathedrale ist am 1. September des Jahres 1800 im Alter von 78 Jahren gestorben. Er ruhe in Frieden.

Nordschiff: Grabplatten der Grafen Thurn-Valsassina

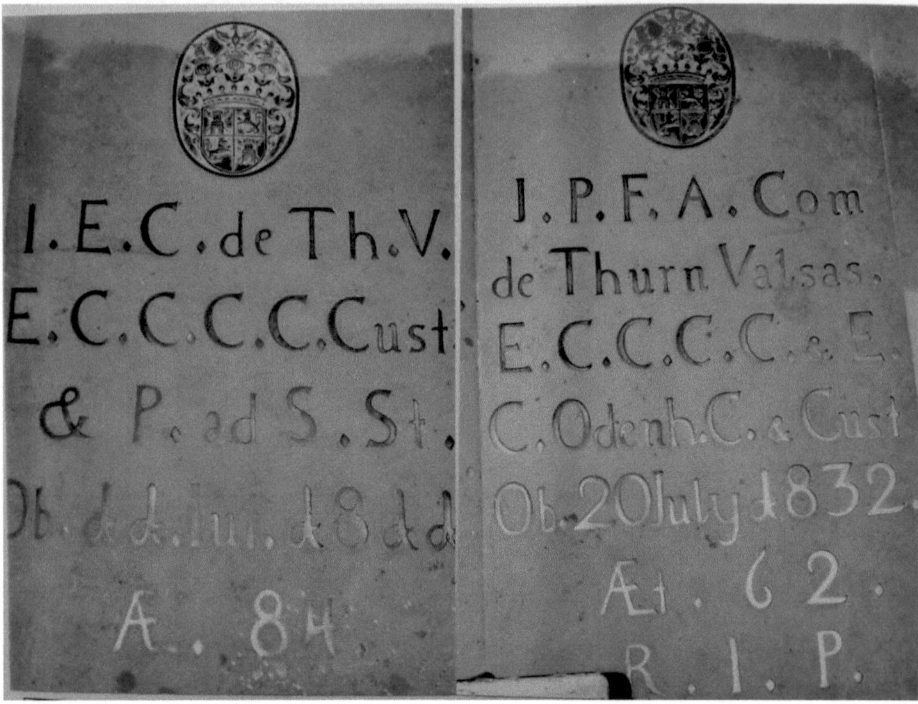

Iohannes **E**vangelista **C**omes **de Th**urn-**V**alsassina **E**cclesiae **C**athedralis **C**onstantiensis **C**anonicus **C**apitularis **Cust**os **&** **P**raepositus **ad S**anctum **St**ephanum **Ob**iit **11**.**Jul**ii **1811** **AE**tatis **84**

Johann Evangelista Graf von Thurn-Valsassina Domherr, Mitglied des Domkapitels und Kustos der Kathedrale zu Konstanz und Propst bei St. Stephan starb am 11. Juli 1811 im Alter von 84 Jahren.

Iohannes **P**aulus **F**ranciscus **A**ntonius **Com**es **de Thurn**-**Valsas**sina **E**cclesiae **C**athedralis **C**onstantiensis **C**anonicus **C**apitularis **&** **E**cclesiae **C**ollegiatae **Odenh**eim **C**anonicus **&** **Cust**os **Ob**iit **20 July 1832** **AET**atis **62** **R**equiescat **I**n **P**ace

Johann Paul Franz Anton Graf von Thurn-Valsassina Domkapitular an der Kathedrale zu Konstanz sowie Domherr und Küster an der Stiftskirche zu Odenheim starb am 20. Juli 1832 im Alter von 62 Jahren.

Nordschiff: Grabplatte Generalvikar
Ignaz Heinrich von Wessenberg

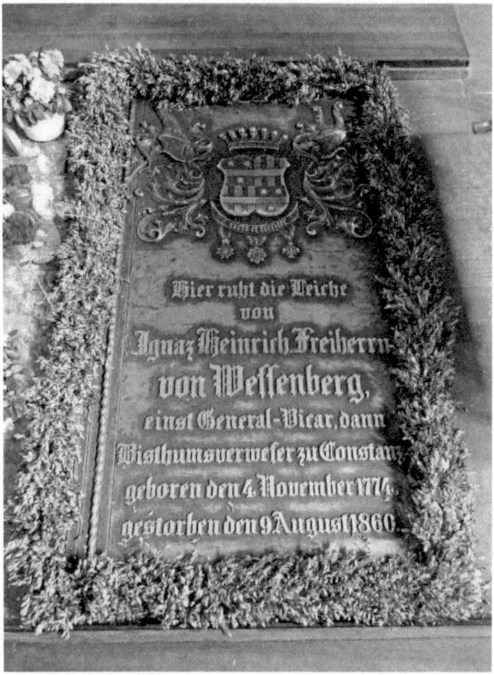

Hier ruht die Leiche von Ignaz Heinrich Freiherr von Wessenberg, einst General-Vicar, dann Bisthumsverweser zu Constanz geboren den 4. November 1774, gestorben den 9. August 1860

Mittelschiff: Grabplatte Weihbischof Georg Sigismund Miller

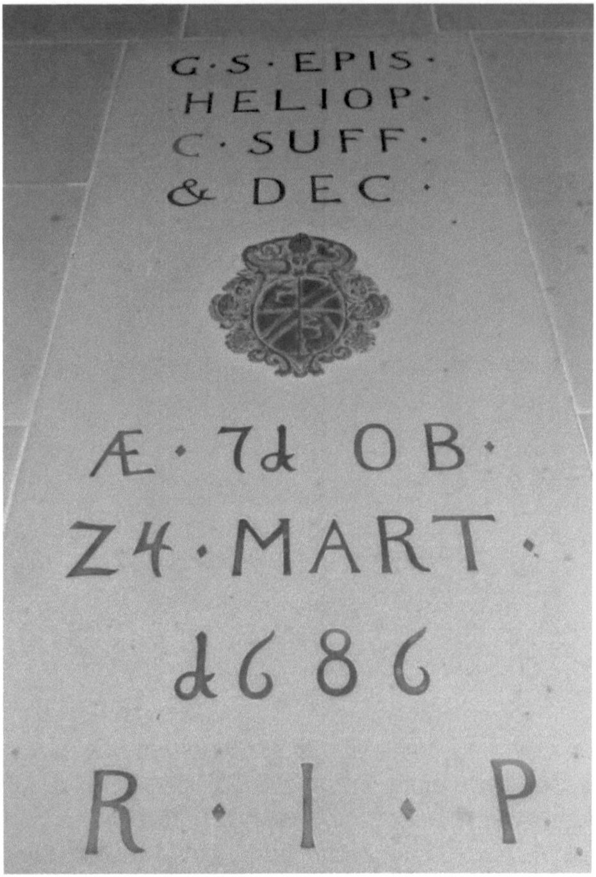

Georgius **S**igismundus **Epis**copus **Helio**politanus **C**anonicus **Suff**raganeus **& Dec**anus **AE**tatis **71 OB**iit **24 Mart**ii **1686** **R**equiescat **I**n **P**ace

Georg Sigismund (Miller) (Titular-)Bischof von Heliopolis Domherr Weihbischof und Dekan starb am 24. März 1686 im Alter von 71 Jahren. Er ruhe in Friedern.

Heliopolis liegt im östlichen Nildelta

Mittelschiff: Grabplatte Bischof Kasimir Anton von Sickingen

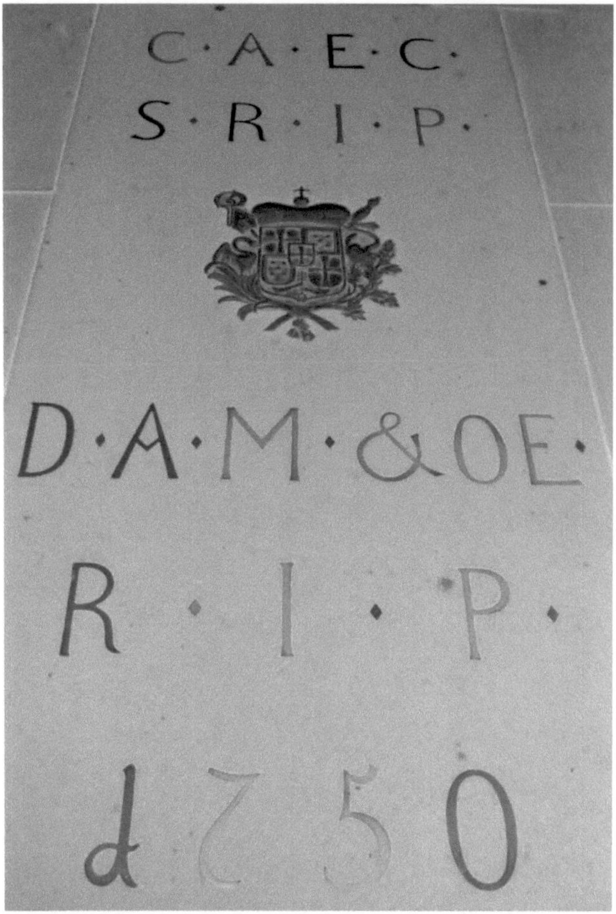

Casimirus **A**ntonius **E**piscopus **C**onstantiensis **S**acri **R**omani **I**mperii **P**rinceps **D**ominus **A**ugiae **M**ajoris **& OE**ningae **R**equiescat **I**n **P**ace **1750**

Kasimir Anton (von Sickingen) Bischof von Konstanz und Reichsfürst Herr auf Reichenau und zu Öhningen (ist) 1750 (gestorben). Er ruhe in Frieden

Mittelschiff: Grabplatte Bischof
Johann Franz Schenck von Stauffenberg

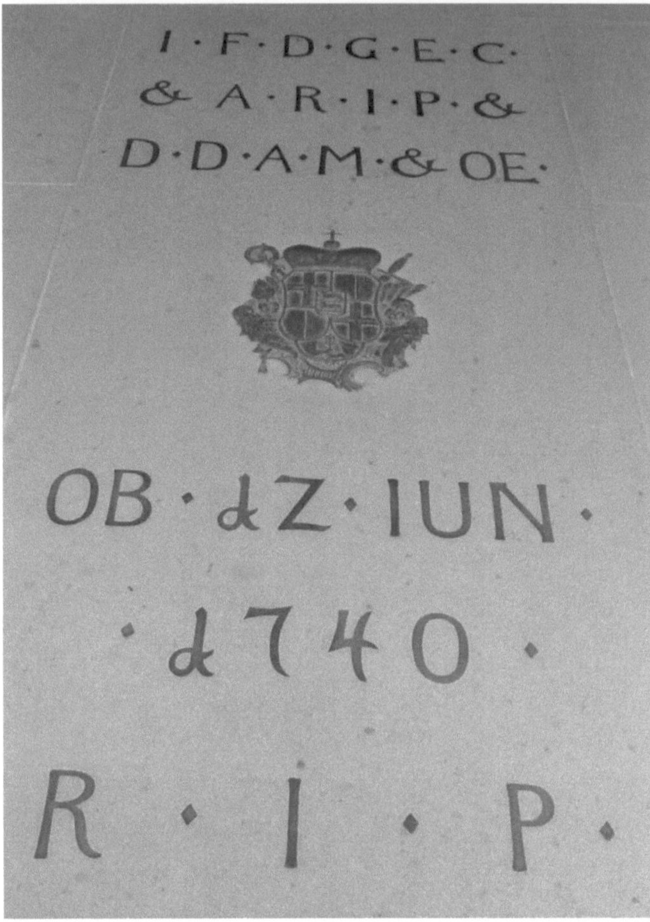

Iohannes **F**ranciscus **D**ei **G**ratia **E**piscopus **C**onstantiensis **& A**ugustensis **R**omani **I**mperii **P**rinceps **& D**ominus **A**ugiae **M**ajoris & **OE**ningae **OB**iit **12. IUN**ii **1740**. **R**equiescat **I**n **P**ace

Johann Franz von Gottes Gnaden Bischof von Konstanz und Augsburg Fürst des Römischen Reiches und Herr auf Reichenau und zu Öhningen ist am 12. Juni 1740 gestorben. Er ruhe in Frieden.

Mittelschiff: Grabplatte Bischof Franz Johann von Prasberg

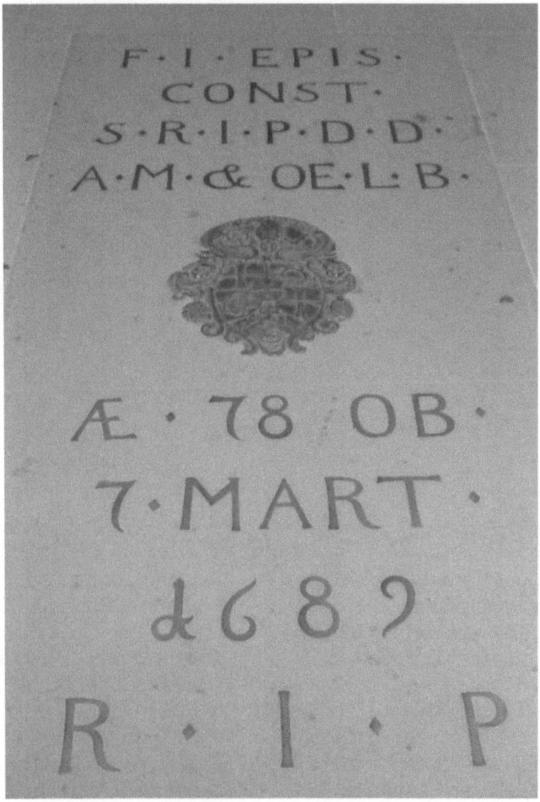

Franciscus **J**oannes **EPIS**copus **CONST**antiensis **S**acri **R**omani **I**mperii **P**rinceps (et) **D**ominus **D**ominus **A**ugiae **M**ajoris **& Oe**ningae **L**iber **B**aro **AE**tatis **78 Ob**iit **7 Mart**ii **1689 R**equiescat **I**n **P**ace

Franz Johann Bischof von Konstanz Fürst des heiligen römischen Reiches Herr zu Reichenau und Öhningen Freiherr (von Prasberg) ist am 7. März 1689 im Alter von 78 Jahren gestorben. Er ruhe in Frieden.

Das zweimalige D D soll besagen, dass er sowohl Herr auf Reichenau wie in Öhningen war.

Südschiff: Grabplatten der Domkapitulare von Liebenfels

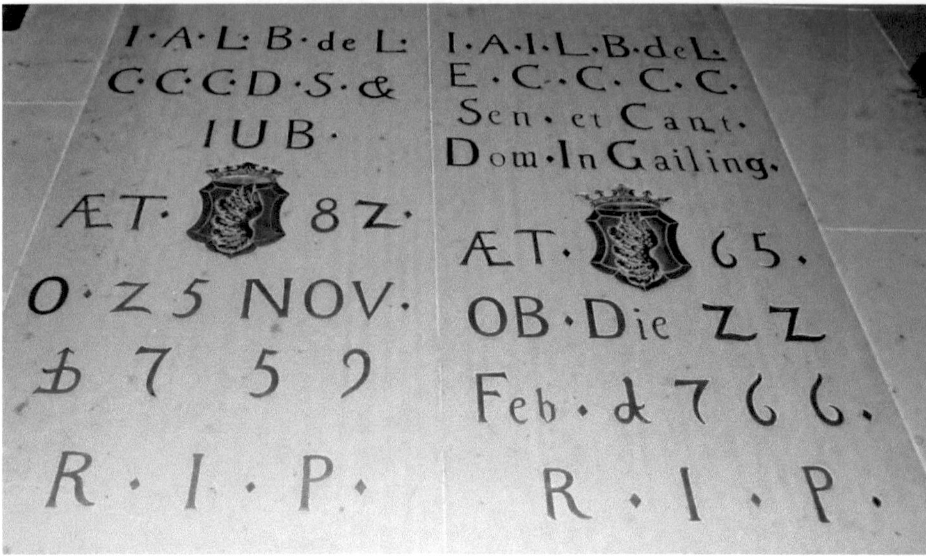

Iacobus **A**ntonius **L**iber **B**aro **de L**iebenfels **C**athedralis **C**onstantiensis **C**anonicus **D**ecanus **S**enior **& Iub**ilaeus **Aet**atis **82 O**biit **Nov**embris **1759 r**equiescat **I**n **P**ace

Jakob Anton Freiherr von Liebenfels Domherr Dekan Ältester und Jubilar an der Bischofs-Kirche zu Konstanz ist am 25. November 1759 im Alter von 82 Jahren gestorben

Iosephus **A**ntonius **I**gnatius **L**iber **B**aro **de** Liebenfels **E**cclesiae **C**athedralis **C**onstantiensis **C**anonicus **C**apitularis **Sen**ior **et** **C**antor **Dom**inus **In Gailing**en **AET**atis 65 **Ob**iit **Die 22 Feb**ruarii **1766 R**equiescat **I**n **P**ace

Joseph Anton Ignatius Freiherr von Liebenfels Domkapitular Ältester und Kantor an der Bischofskirche zu Konstanz Herr in Gailingen ist am 22. Februar 1766 im Alter von 65 Jahren gestorben.

Südschiff: Grabplatten Domkapitular Franz Josef von Deuring und Weihbischof Wilhelm Joseph Leopold von Baden

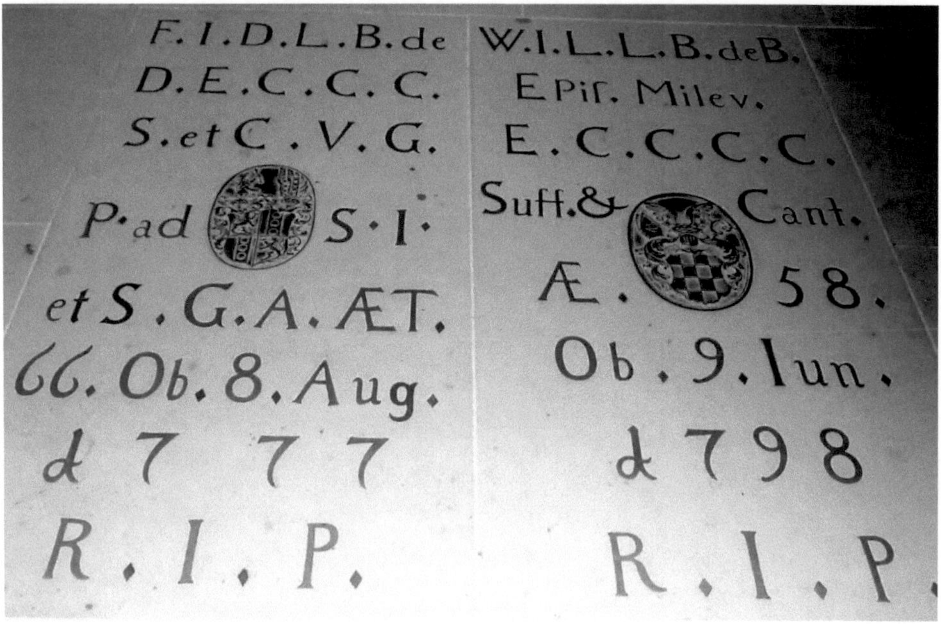

Franciscus **I**osephus **D**ominicus **L**iber **B**aro **de D**euring **E**cclesiae **C**athedralis **C**onstantiensis **C**anonicus **S**enior **et C**anonicus **C**apitularis **P**raepositus **ad S**anctum **I**oannem **et** (S G A ist bisher nicht geklärt) **AET**atis **66 Ob**iit **8. Aug. 1777 R**equiescat **I**n **P**ace

Franz Joseph Dominik Freiherr von Deuring Domherr, Ältester und Domkapitular an der Bischofskirche zu Konstanz und Propst bei St.Johann starb am 8. August 1777 im Alter von 66 Jahren. Er ruhe in Frieden

Wilhelmus **I**osephus **L**eopoldus **L**iber **B**aro **de B**aden **Epis**copus **Milev**etanus **E**cclesiae **C**athedralis **C**onstantiensis **C**anonicus **C**apitularis **Suff**raganeus **& Cant**or **Ae**tatis 58 **Ob**iit **9 Iun**ii **1798 R**equiescat **I**n **P**ace

Wilhelm Joseph Leopold Freiherr von Baden Bischof von Milevum an der Kathedrale zu Konstanz Domkapitular Weihbischof und Kantor ist am 9. Juni 1798 im Alter von 58 Jahren gestorben. Er ruhe in Frieden

Milevum liegt im heutigen Algerien

Südschiff: Grabplatten der Domkapitulare Heinrich und Johann von Rotberg

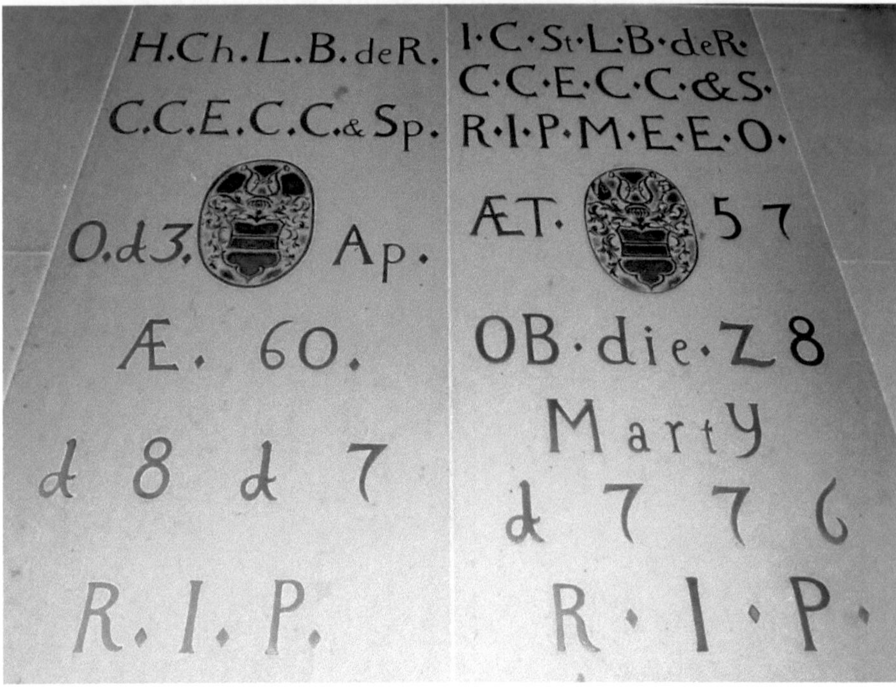

Henricus **Ch**ristophorus **L**iber **B**aro **de** **R**otberg **C**anonicus **C**apitularis **E**cclesiae **C**athedralis **C**onstantiensis **&** **Sp**irensis **O**biit **13** **Ap**rilis **AE**tatis **60** **1817** **R**equiescat **I**n **P**ace

Iohannes **C**hristophorus **St**ephanus **L**iber **B**aro **de** **R**otberg **C**anonicus **C**apitularis **E**cclesiae **C**athedralis **C**onstantiensis **&** **S**acri **R**omani **I**mperii **P**rinceps **M**ilitum **E**quitum **E**cclesiae **O**denheim **AEt**atis **57** **OB**iit **die** **Z8** **Marty** **1776** **R**equiescat **I**n **P**ace

Heinrich Christoph Freiherr von Rotberg Domkapitular an der Bischofkirche zu Konstanz und zu Speyer ist am 13. April 1817 im Alter von 60 Jahren gestorben. Er ruhe in Frieden.

Johann Christoph Stefan Freiherr von Rotberg Domkapitular der Bischofskirche zu Konstanz und Reichsfürst an der Kirche des Deutschritterordens in Odenheim ist am 28. März 1776 im Alter von 57 Jahren gestorben. Er ruhe in Frieden.

Südschiff: Grabplatten Erzpriester Johann Friedrich Ebinger von der Burg und Bischof Joseph von Roggenbach

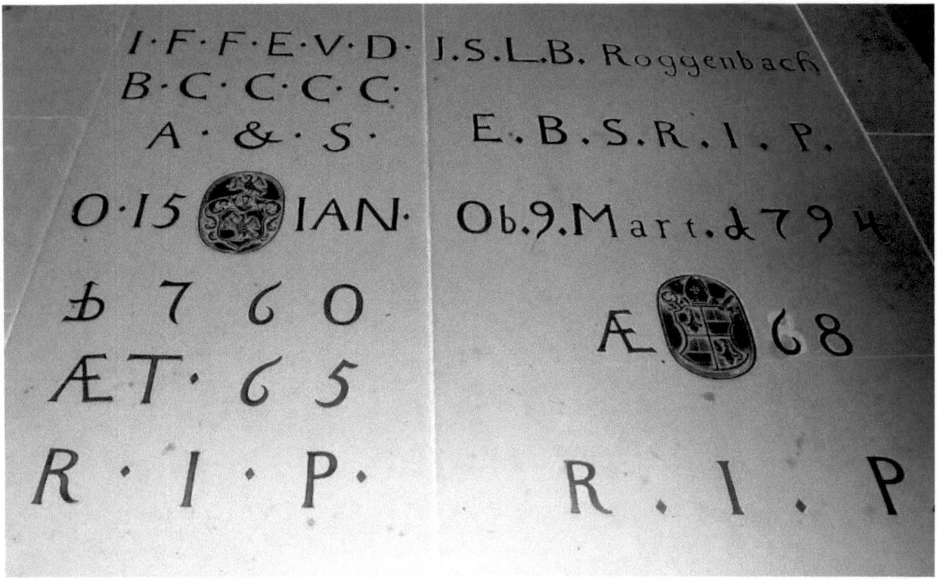

Iohannes **F**ridericus **F**ranciscus **E**binger **V**on **D**er **B**urg **C**athedralis **C**onstantiensis **C**anonicus **C**apitularis **A**rchidiacon **&** **S**enior **O**biit **15 Ian**uarii **1760 Aet**atis **65** **R**equiescat **I**n **P**ace

Johann Friedrich Franz Ebinger von der Burg Domkapitular Erzpriester und Ältester an der Bischofskirche zu Konstanz ist am 15 Januar 1760 im Alter von 65 Jahren gestorben Er ruhe in Frieden

Josephus **S**igismundus **L**iber **B**aro **Roggenbach E** pisopus **B**asileensis**S**acri **R**omani **I**mperii **P**rinceps **Ob**iit **9.Mar**tii **1794** **Ae**tatis **68 R**equiescat **I**n **P**ace

Joseph Sigismund Freiherr Roggenbach Bischof von Basel und Reichsfürst starb am 9. März 1794 im Alter von 68 Jahren. Er ruhe in Frieden

Südschiff: Grabplatten der Domkapitulare Karl und Johann Christoph von Rotberg

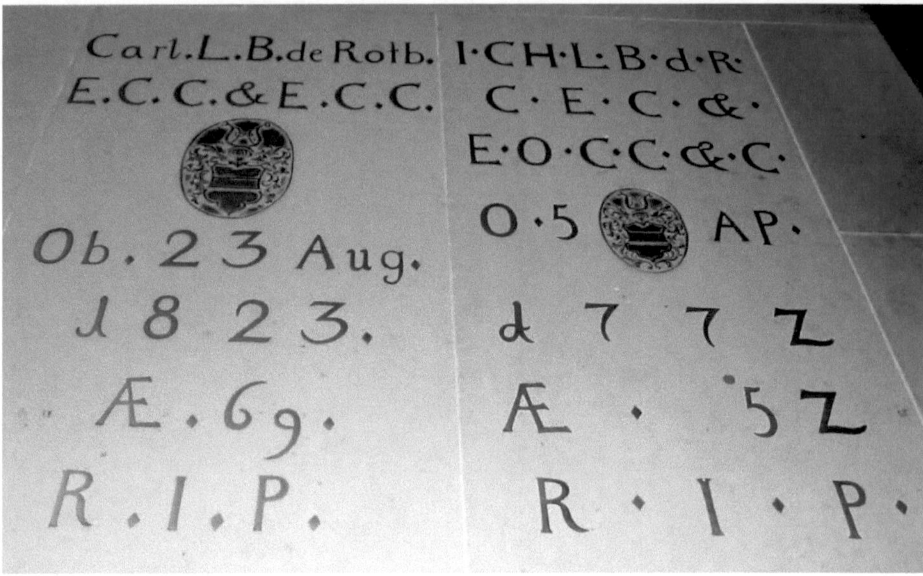

Carl **L**iber **B**aro **de** **Rot**b**erg** **C**athedralis **C**onstantiensis **&** **E**ucstadiensis **C**anonicus **C**apitularis **Ob**iit **23** **Aug**usti **1823** **AE**tatis**69** **R**equiescat **I**n **P**ace

Karl Freiherr von Rotberg Domkapitular an der Bischofskirche zu Konstanz und zu Eichstätt starb am 23. August 1823 im Alter von 69 Jahren. Er ruhe in Frieden

Johannes **C**hristophorus **H**einricus **L**iber **B**aro **d**e **R**otberg **C**athedralis **E**cclesiae **C**onstantiensis **&** **E**cclesiae **O**denheim **C**anonicus **C**apitularis **&** **C**antor **O**biit **5** **A**prilis **1772** **AE**tatis **52.** **R**equiescat **I**n **P**ace

Johann Christoph Heinrich Freiherr von Rotberg Domkapitular an der Bischofskirche zu Konstanz und an der Kirche zu Odenheim starb am 5. April 1772 im Alter von 52 Jahren. Er ruhe in Frieden

Thomaschor: Grabplatte Domherr Sigismund Friedrich Hundtbis

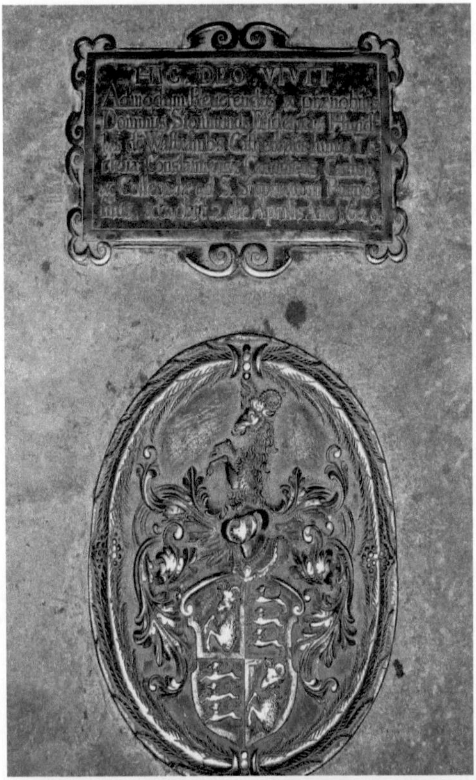

HIC DEO VIVIT
Admodum Reverendus & praenobilis Dominus Sigismundus Fridericus Hundtbis de Waltrambs. Cathedralis huius Ecclesiae Constantiensis Canonicus, Cantor, ac Collegiatae ad Sanctum Stephanum Praepositus & c: obyt 2. die Aprilis Ano 1629

Hier lebt für und in Gott der hochehrwürdige und hochwohlgeborene Herr Sigismund Friedrich Hundtbis von Waltrambs, Domherr, Kantor dieser Bischofskirche zu Konstanz sowie Propst und Kantor an der Stiftskirche zum heiligen Stephan. Er starb am 2. April des Jahres 1629

Die Schreibweise Hundtbis oder an anderer Stelle Hundpiss steht für das oberschwäbische Geschlecht Humpis.

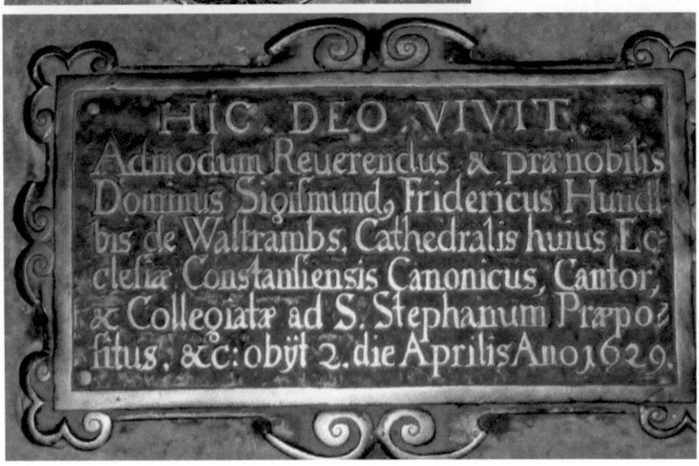

Thomaschor: Grabplatte Domkapitular Erbtruchsess Joseph Ferdinand Graf von Wolfegg

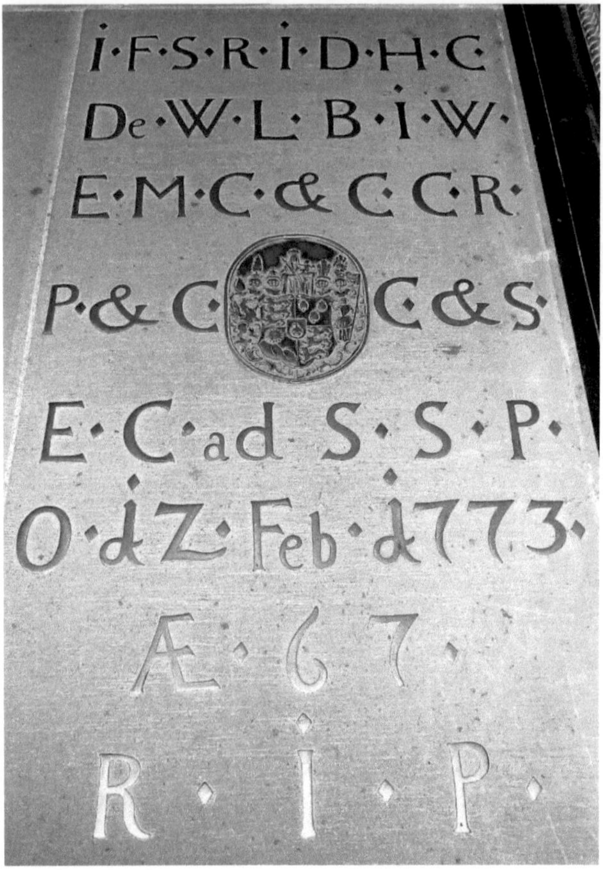

Iosephus **F**erdinandus **S**acri **R**omani **I**mperii **D**apifer **H**aereditarius **C**omes **De W**olfegg **L**iber **B**aro **I**n **W**aldburg **E**cclesiae **M**etropolitanae **C**antor **&** **C**anonicus **C**apitularis **R**espective **P**raepositus **&** **C**anonicus **C**apitularis **&** **S**enior **E**cclesiae **C**ollegiatae **ad** **S**anctum **S**tephanum **P**raepositus **O**biit **1Z** **Feb**ruarii **1773** **AE**tatis **67**. **R**equiescat **I**n **P**ace.

Joseph Ferdinand Erbtruchsess des heiligen römischen Reiches Graf von Wolfegg Freiherr in Waldburg Kantor und Domkapitular an der erzbischöflichen Kirche beziehungsweise Propst und Domkapitular und Senior und Propst an der Stiftskirche zum heiligen Stephan ist am 12. Februar 1773 im Alter von 67 Jahren gestorben. Er ruhe in Frieden.

Thomaschor: Grabplatte Domherr Erbtruchsess Jakob Karl Graf von Wolfegg

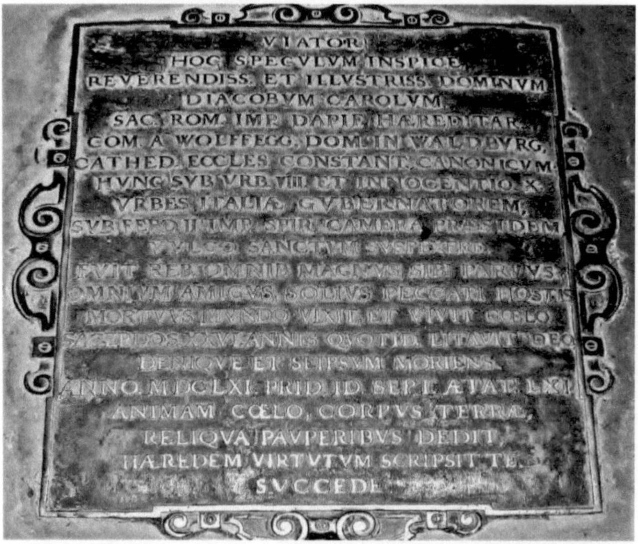

VIATOR HOC SPECULUM INSPICE REVERENDISSIMUM ET ILLUSTRISSIMUM DOMINUM DOMINUM IACOBUM CAROLUM, SACRI ROMANI IMPERII DAPIFERUM HAEREDITARIUM COMITEM A WOLFEGG, DOMINUM IN WALDBURG, CATHEDRALIS ECCLESIAE CONSTANTIENSIS CANONICUM. HUNC SUB URBANO VIII. ET INNOCENTIO X. URBES ITALIAE GUBERNATOREM SUB FERDINANDO II. IMPERATORE SPIR. CAMERA PRAESIDEM, VULGO SANCTUM SUSPEXERE. FUIT REBUS OMNIBUS MAGNUS, SIBI PARVUS, OMNIUM AMICUS, SOLIUS PECCATI HOSTIS, MORTUUS MUNDO VIXIT ET VIVIT COELO. SACERDOS XXVI ANNIS QUOTIDIE LITAVIT DEO, DENIQUE ET SEIPSUM MORIENS. ANNO MDCLXI PRIDIE IDUS SEPTEMBRES AETATIS LXI ANIMAM COELO, CORPUS TERRAE, RELIQUA PAUPERIBUS DEDIT, HAEREDEM VIRTUTUM SCRIPSIT TE. SUCCEDE.

Pilger, blicke in diesen Spiegel (auf dieses Vorbild), den hochwürdigsten und erlauchten Herrn, Herrn Jakob Karl, Erbtruchsess des heiligen römischen Reiches, Graf von Wolfegg, Herr zu Waldburg, Domherr an der Bischofskirche zu Konstanz. Unter (den Päpsten) Urban VIII. und Innozenz X. war er Gouverneur der Städte Italiens, unter Kaiser Ferdinand II. Kammerpräsident. Allgemein sah man in ihm einen Heiligen. In allen Dingen war er groß, nur was ihn selbst betraf, klein. Allen war er Freund, allein der Sünde Feind. Der Welt hat er als Toter gelebt, und nun lebt er im Himmel. Als Priester hat er 26 Jahre täglich für Gott die Messe gelesen und starb schließlich sich selbst. Im Jahre 1661, am 14. September, gab er dem Himmel seine Seele, der Erde seinen Körper, alles Übrige den Armen. Dich hat er zum Erben seiner Tugenden ausersehen. Folge ihm

Thomaschor: Grabplatte Gräfin Maria Jacobe zu Wolfegg

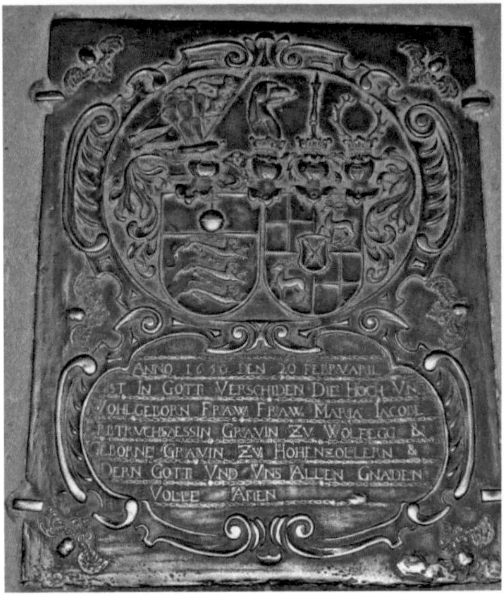

ANNO 1630 DEN 20 FEBRUARII IST
IN GOTT VERSCHIDEN DIE HOCH
VND WOHLGEBORN FRAW FRAW
MARIA IACOBE ERBTRUCHSAESSIN
GRAVIN ZV WOLFEGG & GEBORNE
GRAVIN ZV HOHENZOLLERN &
DERN GOTT VND VNS ALLEN
GNADEN VOLLE AMEN

Thomaschor: Grabplatte Gräfin Maria Renata zu Königsegg

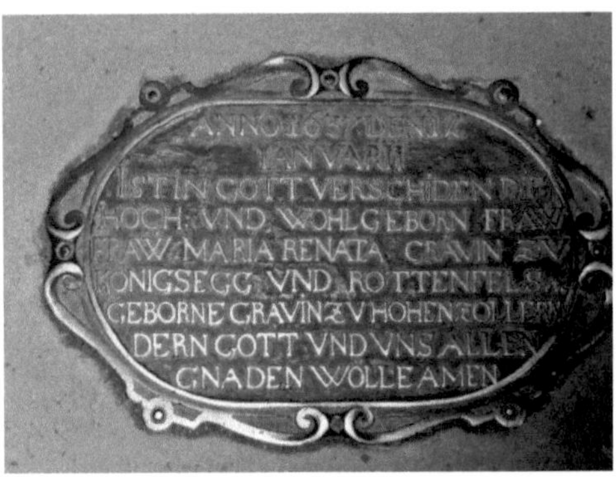

ANNO 1637 DEN iZ. IANUARII IST
IN GOTT VERSCHIDEN DIE HOCH:
UND WOHLGEBORN FRAW FRAW
MARIA RENATA GRÄVIN ZV
KÖNIGSEGG VND ROTTENFELS
etc. GEBORNE GRÄVIN ZV
HOHENZOLLERN DERN GOTT VND
VNS ALLEN GNADEN WÖLLE
AMEN

Thomaschor Nordseite: Grabstätte Domherr und Kantor Soler von Richtemberg

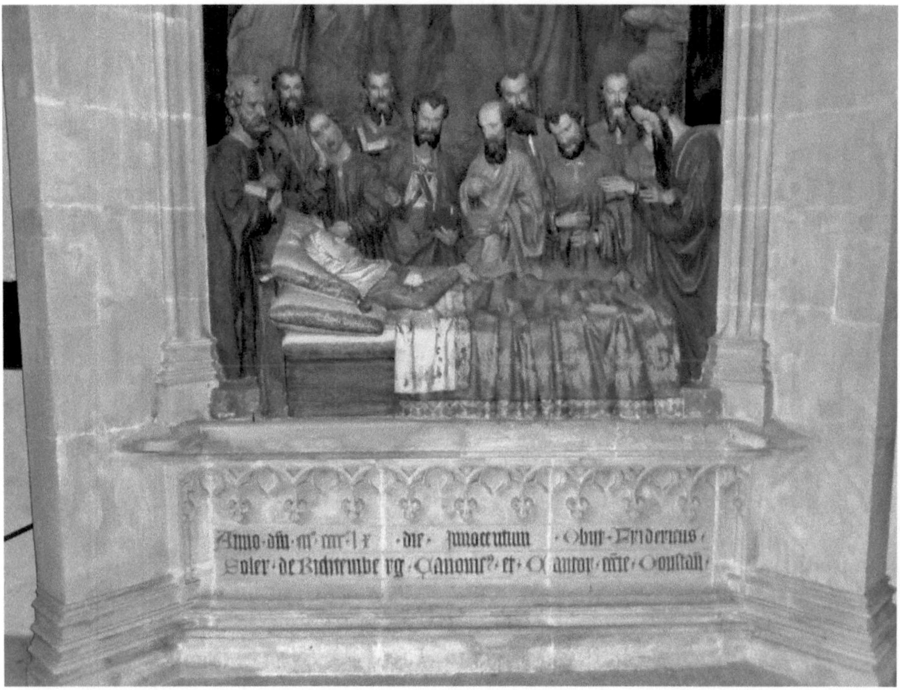

Inschrift in gotischer Minuskel:

Anno domini M CCCC LX die Innocentium obiit Fridericus Soler de Richtemberg Canonicus et Cantor ecclesiae Constantiensis.

Im Jahr des Herrn 1460 am Tag der unschuldigen Kindlein starb Friedrich Soler von Richtemberg. Er war Domherr und Kantor an der Kirche zu Konstanz.

Thomaschor: Epitaph Domherr Rudolf Anton von Hallweil

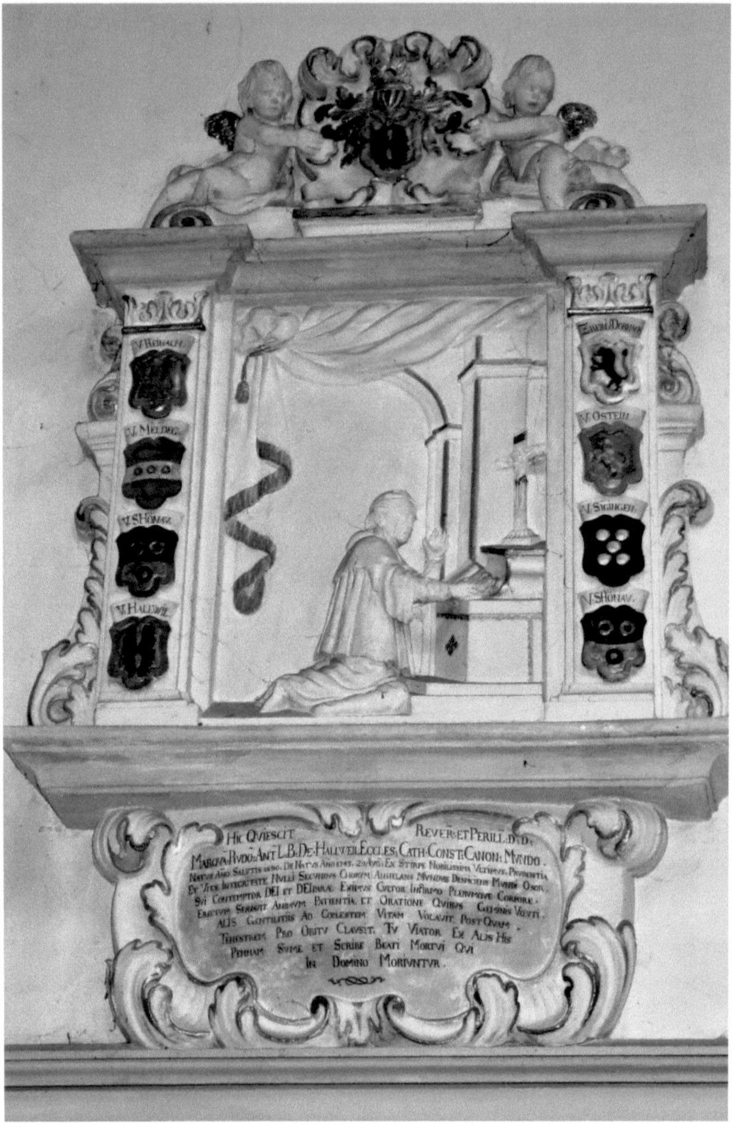

Inschrift mit Übersetzung auf der nächsten Seite

Text des Epitaphs Rudolf Anton von Hallweil

HIC QVIESCIT REVERENDISSIMVS ET PERILLVSTRIS DOMINVS DOMINVS MARQVARDVS RVDOLPHVS ANTONIVS LIBER BARO DE HALLWEIL ECCLESIAE CATHEDRALIS CONSTANTIENSIS CANONICVS MVNDO NATVS ANNO SALVTIS 1690 DENATVS ANNO 1743 29. AVGVSTI: EX STIRPE NOBILISSIMA VLTIMVS. PRVDENTIA ET VITAE INTEGRITATE NVLLI SECVNDVS CHORVM ANHELANS MVNDVS(?) DESPICIENS MVNDI OSORSVI CONTEMPTOR DEI ET DEIPARAE EXIMVS CVLTOR INFIRMO PLERVMQUE CORPORE ERECTVM SERVAVIT ANIMVM PATIENTIA ET ORATION E QVIBVS GEMINIS VELVTI ALIS G ENTILICIIS AD COELESTEM VITAM VOLAVIT POSTQVAM TERRESTREM[2] PRO OBITV CLAVSIT. TU VIATOR EX ALIS HIS PENNAM SVME ET SCRIBE BEATI MORTVI QVI IN DOMINO MORIVNTVR.

[2] im Original statt rr sinnlos ein n.

Hier ruht der hochehrwürdige und erlauchte Herr Herr Marquard Rudolph Anton Freiherr von Hallweil Domherr an der Bischofskirche zu Konstanz. Er wurde in die Welt geboren im Jahr des Heils 1690 und starb am 29. August 1743. Er war der Letzte aus einem sehr edlen Geschlecht. An Klugkeit und frommer Lebensart stand er keinem nach. Er begehrte nach der geistlichen Gemeinschaft und hasste die Welt. Er blickte auf sich selbst herab, war dafür ein herausragender Verehrer Gottes und der Gottesmutter. Meist von geschwächtem Körper bewahrte er seinen aufrechten und wachen Sinn und flog, wobei ihm seine Geduld und sein Beten wie zwei angestammte Flügel dienten, hinauf ins himmlische Leben, nachdem er das irdische Leben für sein Hinscheiden beschlossen hatte. Du Pilger, nimm aus diesen Flügeln eine Feder und schreib: selig sind die Toten, die im Herrn entschlafen.

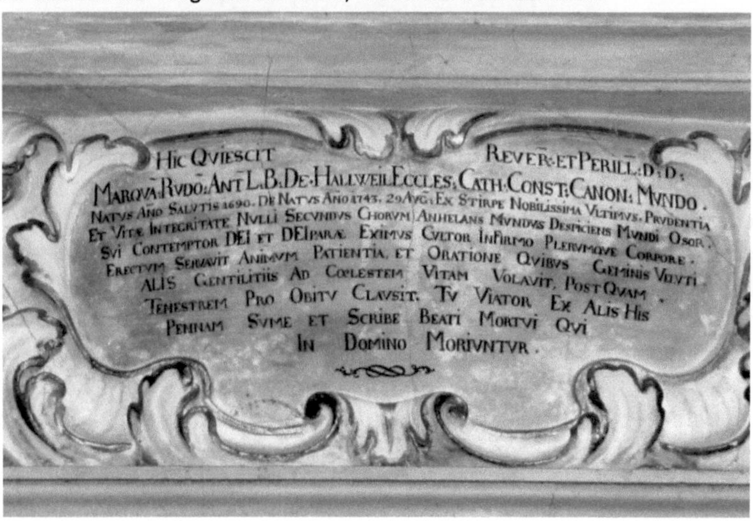

Thomaschor: Epitaph Dekan Wolfgang von Hallweil

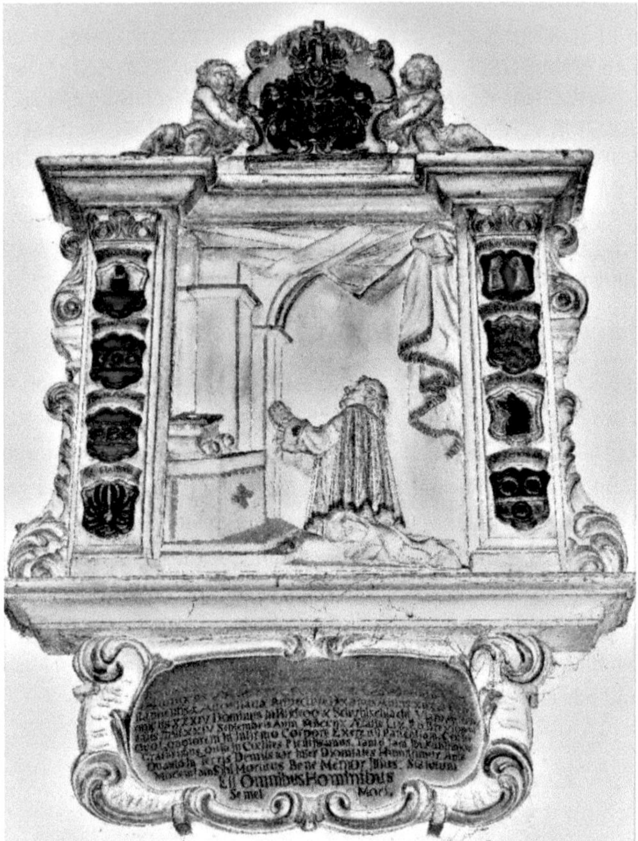

AETERNUM HIC QUIESCIT Cuius Sacris manibus Bene Precare Viator P:M: Reverendissimus Praenobilis Dominus Dominus Wolfgangus Dominicus ab Halwei Ecclesiarum Cathedralium Constantiensis & Augustanae Respective Decanus ann XIIX & Canonicus XXXIV Dominus Jn Blidegg & Schyhlschlacht. Viam Aeternitatis Jnijt XXIV Septembris Anni MDCCIIX AEtatis LIX, Eo Breviorem Quo Longiorem Jr Jnfirmo Corpore Exercuit Patentiam. Coelo Gratissimus Quia Jn Coelites Pientissimus, Tanto Jam Jbi Sublimior Quanto Jn Terris Demissior Jnter Dignitates Humillimus. Ante Mortem Jam sibi Mortuus Bene Memor Jllius: Statutum Est Omnibus Hominibus Semel Mori.

Übersetzung der Inschrift nächste Seite

Thomaschor: Epitaph Wolfgang von Hallweil – die Inschrift

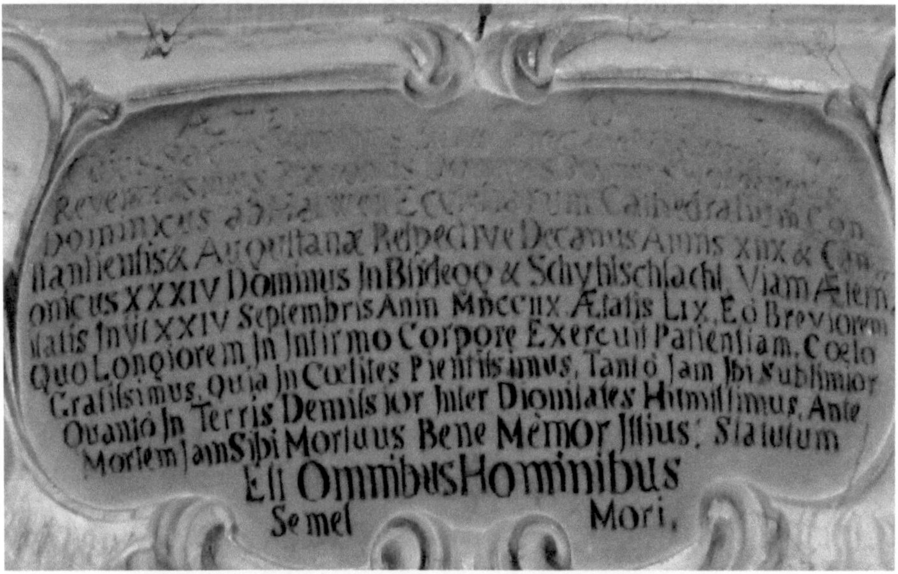

AETERNUM HIC QUIESCIT Cuius Sacris Manibus Bene Precare Viator P:M: Reverendissimus Praenoblilis Dominus Dominus Wolfgangus Dominicus ab Halweil Ecclesiarum Cathedralium Constantiensis & Augustanae Respective Decanus Annos XIIIX & Canonicus XXXIV Dominus In Bridegg & Schylschlacht Viam AEternitatis Injit XXIV Septembris Anni MDCCIIX AEtatis LIX Eo Breviorem Quo Longiorem In Infirmo Corpore Exercuit Patientiam. Coelo Gratissimus. Quia In Coelites Pientissimus. Tanto Iam Ibi Sublimior Quanto In Terris Demissior Inter Dignitates Humillimus. Ante Mortem Iam Sibi Mortuus Bene Memor Illius: Statutum Est Omnibus Hominibus Semel Mori

Hier ruht in Ewigkeit, für den du Pilger nach seinem Tod mit heiligen Händen beten mögest: der hochverehrte und edle Herr Herr Wolfgang Dominik von Hallweill gleichermaßen an der Kathedrale zu Konstanz wie in Augsburg 17 Jahre Dekan und 34 Jahre Domherr. Er war Herr inBridegg und in Schylschlacht Er betrat den Weg in die Ewigkeit am 24. September des Jahres 1708 im Alter von 59 Jahren. In seinem geschwächten Körper übte er je länger desto mehr Ausdauer und Geduld. Dem Himmel war er willkommen, weil er den Himmlischen fromm ergeben war. Umso erhabener ist er dort im Himmel, je bescheidener er auf Erden war. In all seinen Ehrenämtern blieb er zurückhaltend. Schon vor dem Tod war er sich selbst gestorben wohl gedenkend des Wortes, dass es allen Menschen auferlegt ist einmal zu sterben.

Nordpfeiler am Eingang zum Thomaschor: Epitaph Kustos Wolfgang Jakob von Bernhausen

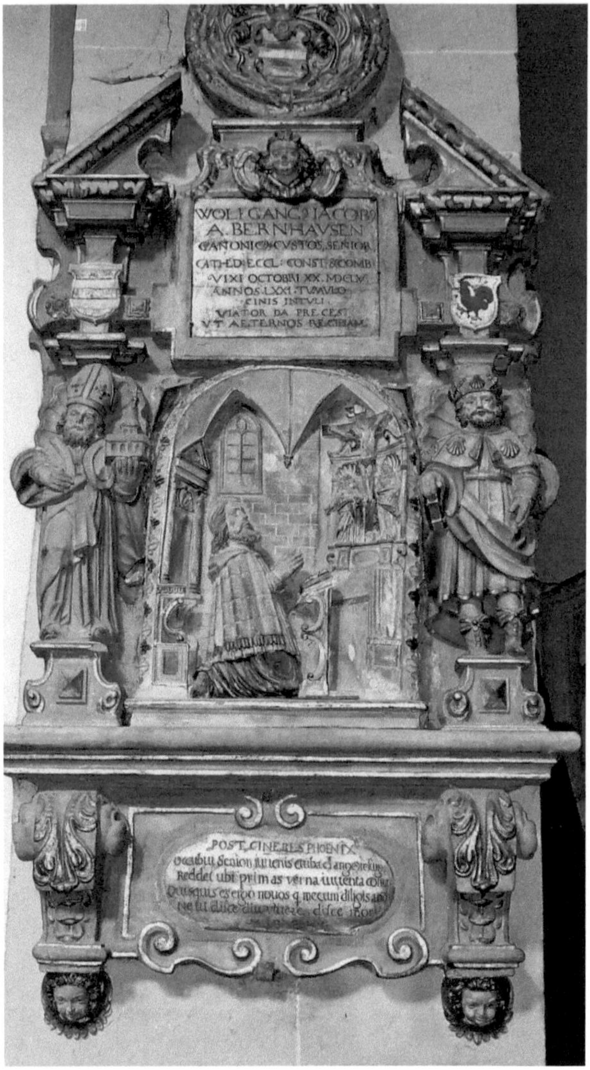

Inschriften und Übersetzung nächste Seite

Obere Inschrift auf dem Epitaph Wolfgang Jakob von Bernhausen

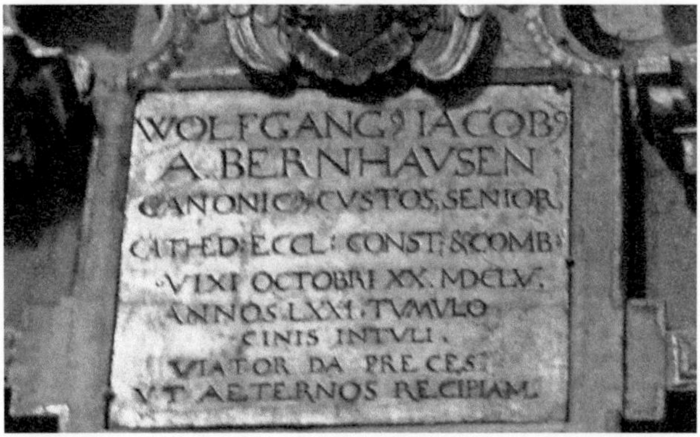

WOLFGANGUS IACOBUS A BERNHAUSEN CANONICUS CUSTOS SENIOR CATHADRALIS CONSTANTIENSIS & COMB(AE) VIXI OCTOBRI XX MDCLV ANNOS LXXI TUMULO CINIS (falscher Genitiv?) INTULI VIATOR DA PRECES UT AETERNOS RECIPIAM

Ich, Wolfgang Jakob von Bernhausen Domherr, Kustos und Senior an der Kathedralkirche von Konstanz und Comba (Lykien) habe am 20. Oktober 1655 71 Jahre gelebt. Ich habe sie in den Aschehaufen hineingegeben. Pilger bitte darum, dass ich sie für ewig bekomme.

Untere Inschrift auf dem Epitaph Wolfgang Jakob von Bernhausen

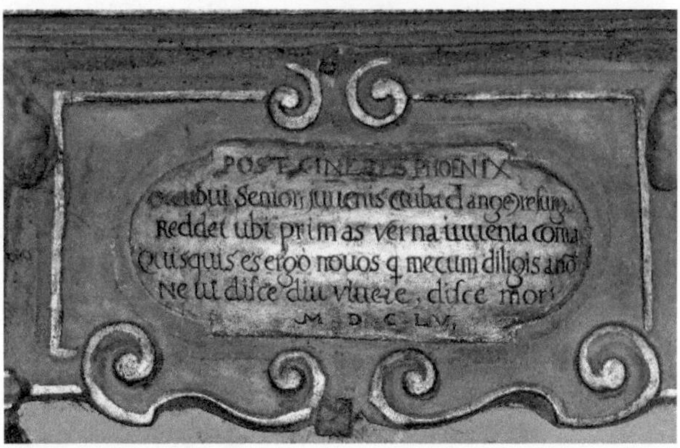

POST CINERES PHOENIX Occubui Senior juvenis (tuba clange) resurgam. Reddet ubi primas Verna iuventa coma(s?) Quisquis es ergo novos q mecum diligis annos Ne tu disce diu vivere, disce mori. M.D.C.LV

Nach der Asche Phönix! Als alter Mann bin ich hingesunken; als Jüngling möchte ich wieder auferstehen zum Klang der Tuba. Die Frühlingszeit möge mir neue Haare wachsen lassen. Wer immer du bist, der du mit mir auf ein neues Leben hoffst: lerne nicht lange zu leben, lerne zu sterben. 1655 (der Text enthält wohl einen Fehler, denn die Form coma passt syntaktisch nicht. Es muss wohl comas heißen).

Aufgang zum Thomaschor: Epitaph Dekan Sigismund von Wolffurt

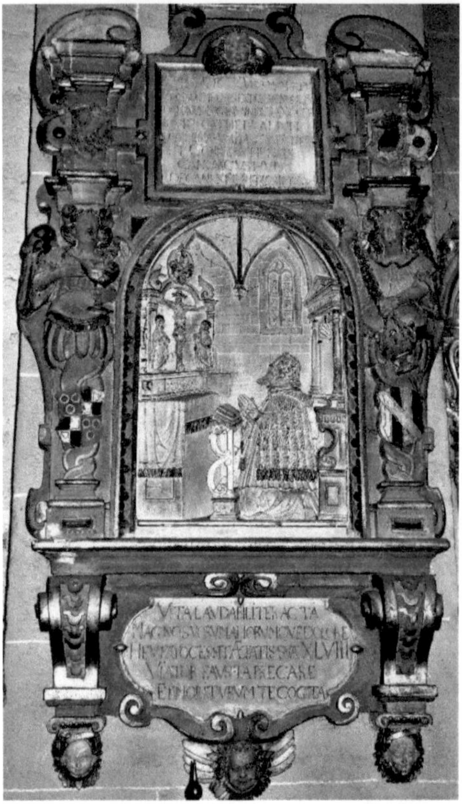

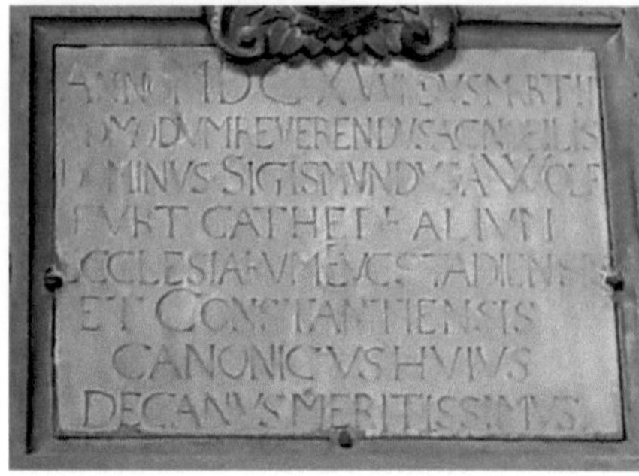

ANNO MDCXV VI IDVS MARTIJ ADMODVM REVERENDVS AC NOBILIS DOMINVS SIGISMVNDVS A WOLFFVRT CATHEDRALIVM ECCLESIARVM EVCSTADIENSIS ET CONSTANTIENSIS CANONICVS HVIVS DECANVS MERITISSIMVS.

Im Jahre 1615, am 10. März (starb) der hochehrwürdige und edle Herr Sigismund von Wolffurt, Domherr der Bischofskirchen von Eichstätt und Konstanz, letzterer höchstverdienter Dekan.

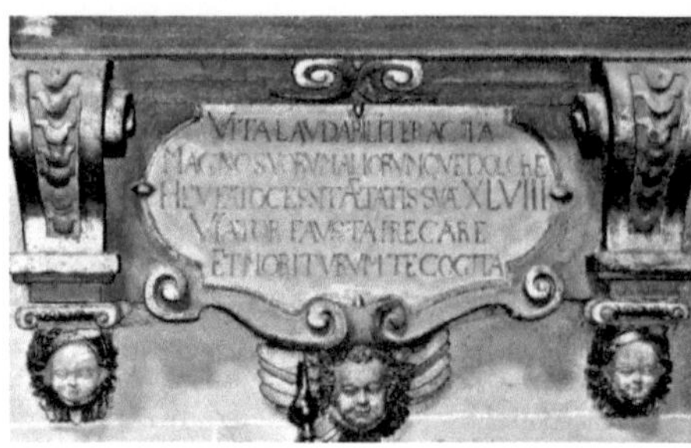

VITA LAVDABILITER ACTA MAGNO SVORVM ALIORVMQVUE DOLORE HEV FATO CESSIT AETATIS SVAE XLVIII. VIATOR FAVSTA PRECARE ET MORITVRVM TE COGITA.

Nach einem lobenswert verbrachten Leben beugte er sich (ach!) dem Schicksal zum großen Schmerz der Seinen und aller Anderen im Alter von 48 Jahren. Pilger bete um sein Wohlergehen und bedenke dass auch du sterben wirst.

Thomaschor: Bronze-Epitaph Domherr Balthasar von Hornstein

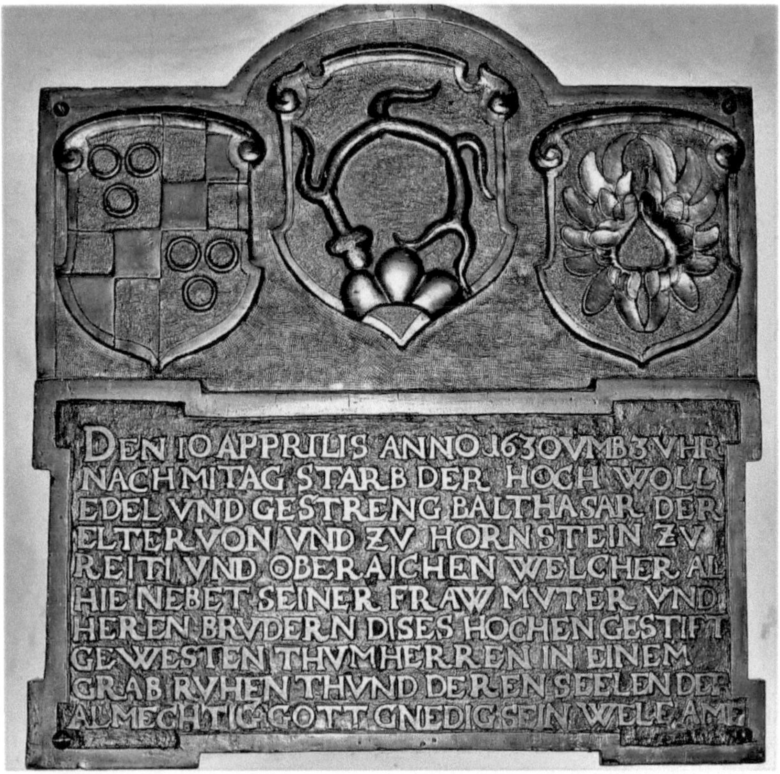

DEN 10 APPRILIS ANNO 1630 UMB 3 UHR NACHMITTAG STARB DER HOCHWOLLEDEL UND GESTRENG BALTHASAR DER ELTER VON UND ZU HORNSTEIN ZU REITI UND OBERAICHEN WELCHER ALHIE NEBET SEINER FRAW MUTER UND HEREN BRUDERN DISES HOCHEN GESTIFT GEWESTEN THUMHERREN IN EINEM GRAB RUHEN THUND UND DEREN SEELEN DER ALMECHTIG GOTT GNEDIG SEIN WELE AME(N)

Zwischen Gebhard- und Magdalenenkapelle: Epitaph Domherr Johann Ludwig Herter von Hertler

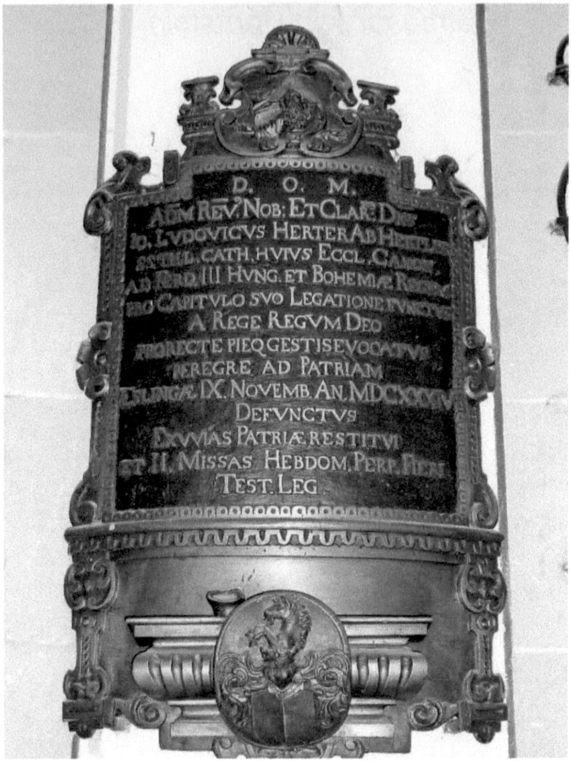

Deo Optimo Maximo Admodum Reverendus Nobilis et Clarissimus Dominus Ioannes Ludovicus Herter Ab Hertler Sanctissimae Theologiae Lector Cathedralis huius Ecclesiae Constantiensis Canonicus ad Ferdinandum III Hungariae et Bohemiae Regem Pro Capitulo Suo Legatione Functus A Rege Regum Deo Prorecte Pieque Gestis Evocatus Peregre Ad Patriam Eslingae IX. Novembris Anno MDCXXXIV Defunctus Exuvias Patriae Restitui Et II. Missas Hebdomatim Perpetue Fieri Testamento Legavit.

In Gott dem allmächtigen und besten ist der sehr ehrwürdige, edle und berühmte Herr Johann Ludwig Herter von Hertler, Lehrer der allerheiligsten Theologie, Domherr dieser Bischofskirche zu Konstanz, nachdem er bei König Ferdinand III. von Ungarn und Böhmen als Gesandter sein Kapitel vertreten hatte und alles recht und fromm erledigt hatte, vom König der Könige, Gott, fern der Heimat in Esslingen am 9. November 1634 gestorben. Der Verstorbene hat in seinem Testament verfügt, dass seine sterblichen Überreste in seine Heimat überführt werden und dass auf Dauer zweimal wöchentlich eine Messe für ihn zelebriert wird.

Südschiff neben Katharinenkapelle: Epitaph für den letzten Bischof von Basel Josef von Roggenbach

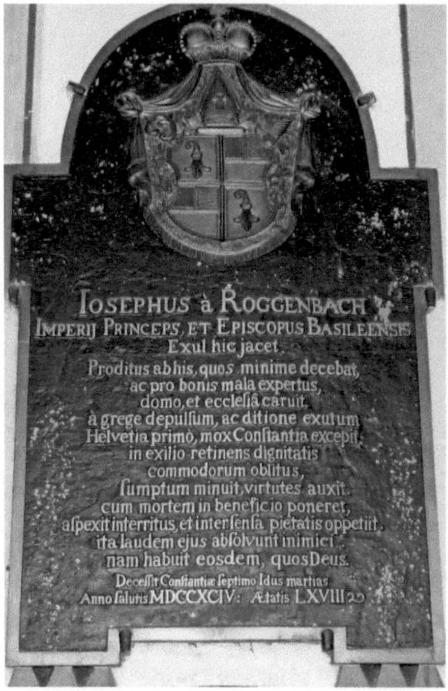

Josephus à Roggenbach Imperij Princeps et Episcopus Basileensis exul hic jacet. Proditus ab his, quos minime decebat, ac pro bonis mala expertus, domo et ecclesia caruit. a grege depulsum, ac ditione exutum Helvetia primo, mox Constantia excepit. In exilio retinens dignitatis commodorum oblitus, sumptum minuit, virtutes auxit. Cum mortem in beneficio poneret, aspexit interritus, et inter sensa pietatis oppetiit. Ita laudem ejus absolvunt inimici. Nam habuit eosdem, quos Deus. Decessit Constantiae septimo Idus martias Anno salutis MDCCXCIV: Aetatis LXVIII.

Joseph von Roggenbach, Reichsfürst und Bischof von Basel, liegt hier als Verbannter. Er wurde verraten von denen, denen es am wenigsten zustand, und er hat für Gutes Böses erfahren, Haus und Kirche hatte er nicht mehr. Von seiner Herde vertrieben und seiner Herrschaft beraubt fand er zunächst in der Schweiz Zuflucht und dann in Konstanz. Im Exil war er zurückhaltend, er vergaß die Annehmlichkeiten seiner Stellung, verminderte seinen Aufwand, vermehrte seine Tugenden. Da er den Tod als Wohltat ansah, blickte er ihm unerschrocken entgegen und starb in frommer Gesinnung. So verhalfen ihm seine Feinde zum Lob. Er hatte nämlich dieselben wie Gott. Er starb zu Konstanz am 9. März im Jahre des Heils 1794 im 68. Lebensjahr.

Ostpfeiler der Katharinenkapelle: Bronzeepitaph Domherr Johann Konrad von Bodmer

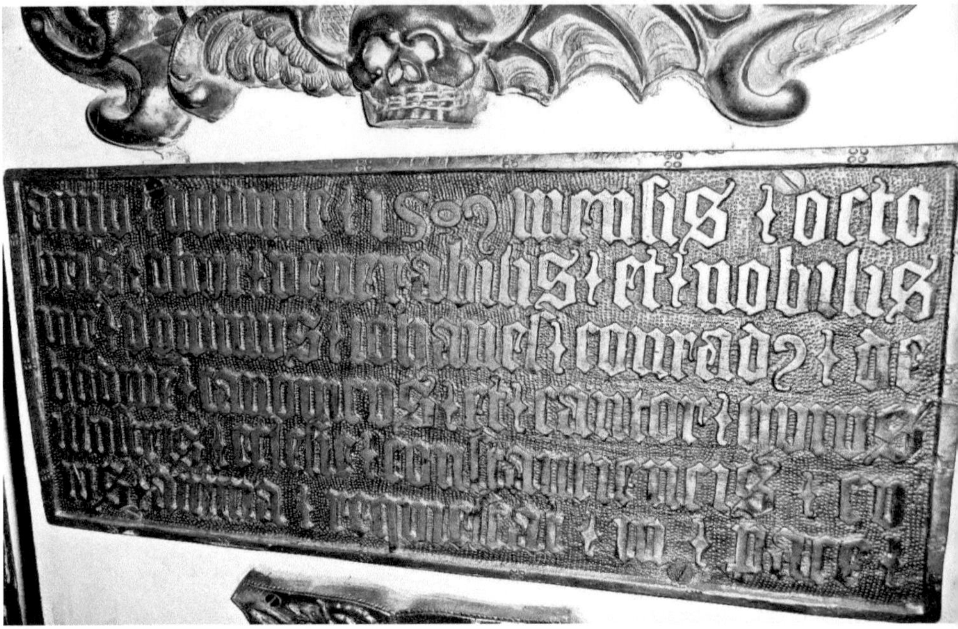

anno domini 1509 mensis octobris obyt venerabilis et nobilis vir dominus iohannes conradus de bodmer canonicus et cantor huius illustris eclesie constanciensis cuius anima requiescat in pace.

Im Jahre des Herrn 1509 im Monat Oktober starb der verehrungswürdige und edle Mann Herr Johann Konrad von Bodmer, Domherr und Kantor dieser erlauchten Kirche zu Konstanz, dessen Seele in Frieden ruhen möge.

Südschiff am Ostpfeiler der Bernhardskapelle: Epitaph Domherr Johann Konrad Erleholz

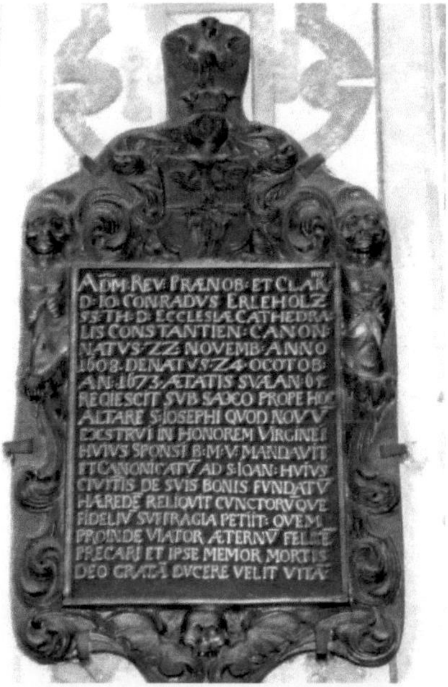

ADMODVM REVERENDVS PRAENOBILIS ET CLARISSIMVS DOMINVS JOHANNES CONRADVS ERLEHOLZ SANCTISSIMAE THEOLOGIAE DOCTOR ECCLESIAE CATHEDRALIS CONSTANTIENSIS CANONICVS NATVS ZZ. NOVEMBRIS ANNO 1608 DENATVS Z4. OCTOBRIS ANNO 1673 AETATIS SVAE ANNORVM 65 REQVIESCIT SVB SAXO PROPE HOC ALTARE SANCTI JOSEPHI QVOD NOVVM EXSTRVI IN HONOREM VIRGINEI HVIVS SPONSI BEATAE MARIAE VIRGINIS MANDAVIT ET CANONICATVM AD SANCTVM JOHANNEM HVIVS CIVITATIS DE SUIS BONIS FUNDATUM HAEREDEM RELIQUIT CUNCTORUMQUE FIDELIVM SVFFRAGIA PETIIT QVEM PROINDE VIATOR AETERNVM FELICEM PRECARI ET IPSE MEMOR MORTIS DEO GRATAM DVCERE VELIT VITAM.

Der hochehrwürdige, hochwohlgeborene und hochberühmte Herr Johann Konrad Erleholz, Doktor der allerheiligsten Theologie, Domherr der Bischofkirche zu Konstanz, geboren am 22. November 1608, gestorben am 24. Oktober 1673 in seinem 65. Lebensjahr, ruht hier unter einer Platte nahe diesem Altar des heiligen Joseph, dessen Neugestaltung er zu Ehren des jungfräulichen Verlobten der seligen Jungfrau Maria in Auftrag gegeben hat. Und er hat aus eigenem Vermögen eine Domherrenstelle zu Sankt Johann in dieser Stadt eingerichtet und als Erbe hinterlassen und hat von allen Gläubigen Unterstützung erbeten. Der Pilger möge daher ewiges Glück für ihn erbitten und selbst eingedenk des eigenen Todes ein Gott wohlgefälliges Leben führen.

Südpfeiler Aufgang zum Mariä-End-Chor: Epitaph Bischof Johann von Wolfegg

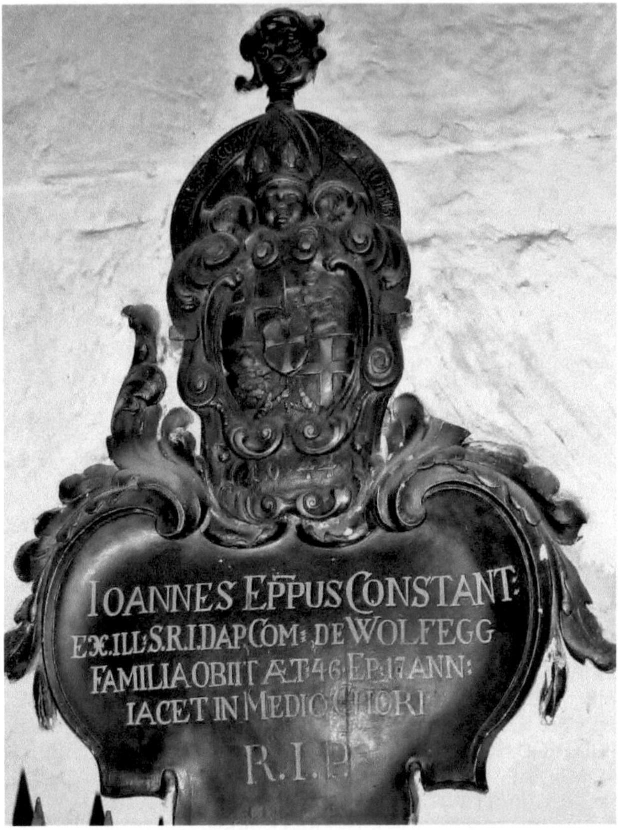

IOANNES EPISCOPUS CONSTANTIENSIS EX ILLUSTRI SACRI ROMANI IMPERII DAPIFERORUM COMITUM DE WOLFEGG FAMILIA OBIIT AETATIS 46; EPISCOPUS 17 ANNORUM: JACET IN MEDIO CHORI

Johann Bischof von Konstanz aus der berühmten Familie der Truchsessen des heiligen römischen Reiches und Grafen von Wolfegg ist im Alter von 46 Jahren gestorben. Er war 17 Jahre Bischof und liegt in der Mitte des Chores.
(Das Todesjahr 1644 steht unter dem Wappen.)

Mariä-End-Chor: Epitaph Domdekan Philipp von Freiberg

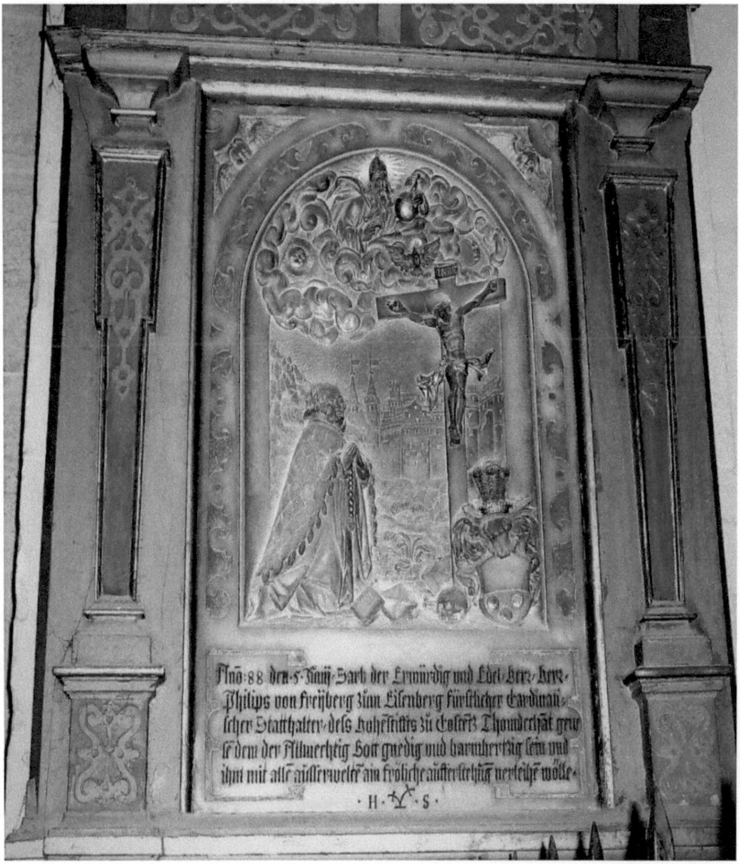

Anno 88 den 5. Junij Starb der Erwürdig und Edel Herr Herr Philips von freyberg zum Eisenberg fürstlicher cardinalischer Statthalter dess hochenstiffts zu Costentz Thomdechant gewesen dem der Allmechtig Gott gnedig und ihm mit allen ausserwelten ain fröhliche afferstehung verleihen wölle. (Signatur H Y S steht für Hans Schaller)

Mariä-End-Chor: Epitaph Domkustos Johann Albert Schindelin

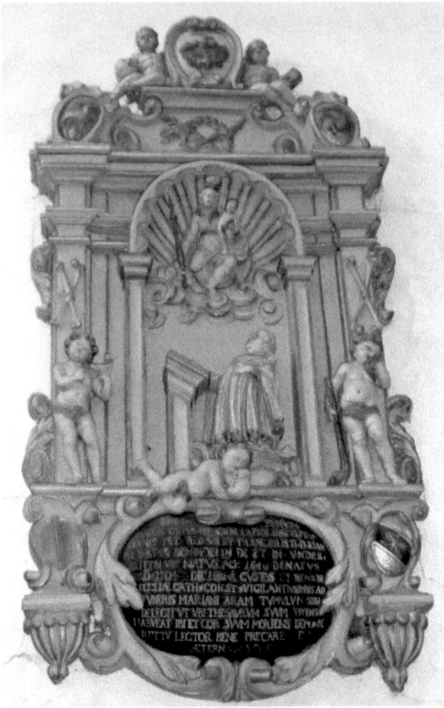

EPITAPHIVM VIATOR CVIVS EFFIGIEM LAPIDI INSCVLPTAM CERNIS EST REVERENDISSIMVS ET PRAENOBLILIS DOMINVS DOMINVS IOAN ALBERTVS SCHINDELIN DE ET IN VNDER REITTNAW NATVS ANNO 1640 DENATVS ANNO 1704 DIE 18. JVNY CVSTOS ET SENIOR ECCLESIAE CATHEDRALIS CONSTANTIENSIS VIGILANTISSIMVS AD FVNERIS MARIANI ARAM TVMVLVM SIBI DELEGIT VT VBI THESAVRVM SVVM VIVENS HABVE(R)AT IBI ET COR SVVM MORIENS DEPONERET. TV LECTOR BENE PRECARE ET AETERNVM. VALE.

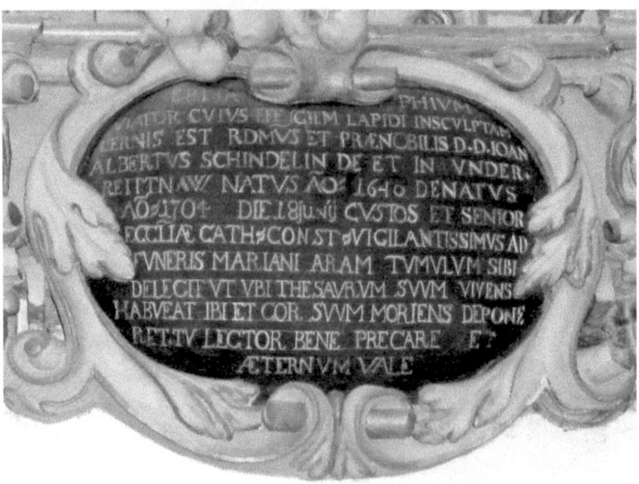

Pilger, das Epitaph, dessen Bildnis du in Stein gemeißelt siehst, (ist gewidmet) dem hochverehrten und hochwohlgeborenen Herrn, Herrn Johann Albert Schindelin von und zu Unterreitnau, geboren im Jahre 1640, gestorben im Jahre 1704 am 18. Juni. Er war höchst eifriger Küster und Senior an der Kathedralkirche zu Konstanz und hat eine Grabstätte am Altar Mariä End für sich ausgewählt, um dort, wo er zu Lebzeiten seinen Schatz hatte, auch sterbend sein Herz zur Ruhe zu betten. Du Leser, bete inständig und immerfort. Leb wohl.

Mariä-End-Chor: Epitaph Domkapitular Marquard Anton von Rodt

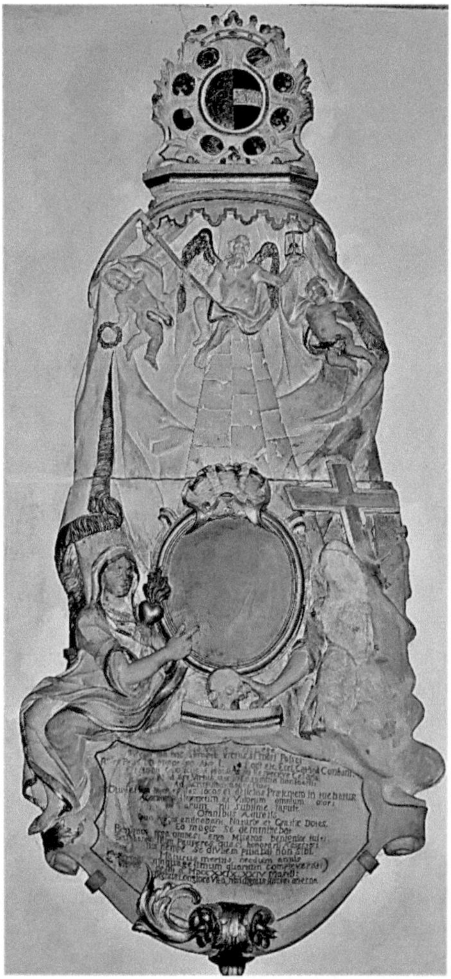

Sta viator et lege, laceret sub hoc marmore victus, si mori posset, Reverendissimus et Perillustris Dominus Dominus MARQUARD ANTONIUS LIBER BARO a Rodt etc. Ecclesiae Cathedralis Constantiensis et Agustanae Canonicus Capitularis et Respective Cellarius. Nulla est Virtus, quae in Eo summa non fuerit: Ad Scrupulum usque pius: Deum etiam Inter epulas, iocos et delicias Praesentem intuebatur; Acerrimus Honorum et Vitiorum omnium olor: Nil altum, nil Sublime lapuit, Omnibus Aequalis. Quo magis eminebant Naturae et Gratiae Dotes, Eo magis Se demittebat. Benignus erga omnes : erga Miseros benignior fuit : Sectabantur Illum Pauperes, quasi honorarij Assectae : Illis nempe Se divitem putabat non Sibi. Maturus meritis, necdum annis (Vix enim quinquagesimum quartum compleverat) Vivere desijt anno MDCCXXIX. XXIV Martij : Dignus Longiore Vita, nisi dignus fuisset aeterna.

Statt olor muss man wohl osor lesen, also Hasser. In vielen Inschriften sehen das lange s und l fast gleich aus.

Übersetzung nächste Seite

Inschrift auf dem Epitaph Marquard Anton von Rodt

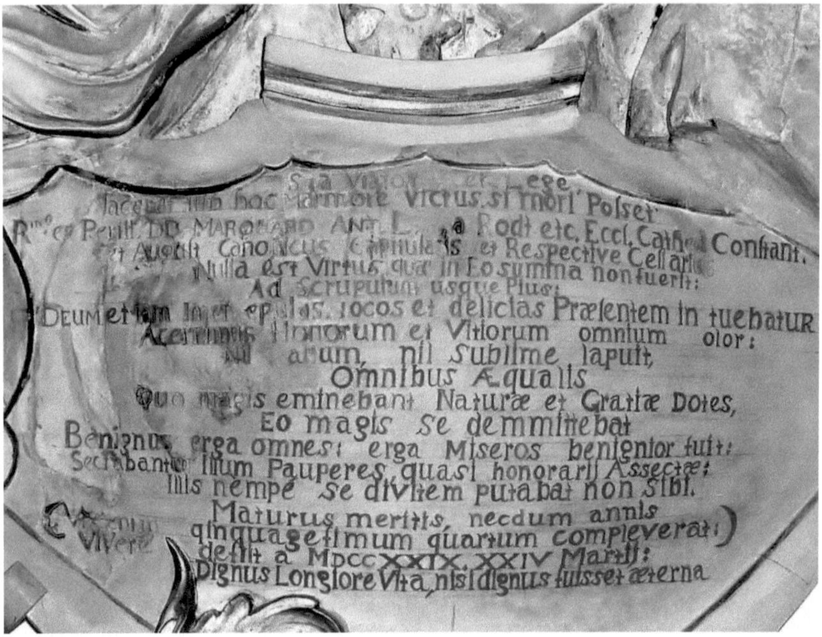

Bleib stehen, Pilger und lies. Unter dieser Marmorplatte läge besiegt, wenn er nur sterben könnte, der hochehrwürdige und berühmte Herr, Herr Marquard Anton Freiherr von Rodt usw. Domkapitular dieser Kathedralkirche zu Konstanz und auch zu Augsburg und jeweils auch Kellermeister. Es gibt keine Tugend, die bei ihm nicht ganz besonders ausgeprägt gewesen wäre. Frommer als er kann man gar nicht sein: für ihn war Gott immer allgegenwärtig, auch beim Speisen, beim Scherzen und bei Vergnügungen. Er war erbittertster Verächter aller Ehrungen und Laster. Nichts Hohes, nichts Erhabenes fehlte ihm, allen war er gleichwertig. Je mehr die Gaben der Natur und der Gnade herausragten, desto mehr nahm er sich zurück. Er war wohlwollend gegenüber jedermann, doch noch wohlwollender gegenüber den Elenden. Die Armen folgten ihm auf Schritt und Tritt gleichsam wie ein Ehrengeleit: gegenüber ihnen hielt er sich nämlich für reich, nicht für sich. Reif an Verdiensten, jedoch noch nicht an Jahren (er hatte nämlich kaum das 54. Lebensjahr erreicht) hörte er auf zu leben im Jahre 1729 am 24. März: er wäre eines längeren Lebens würdig gewesen, wenn er nicht des ewigen Lebens würdig wäre.

Mariä Ende-Chor: Epitaph Kardinal Franz Konrad von Rodt

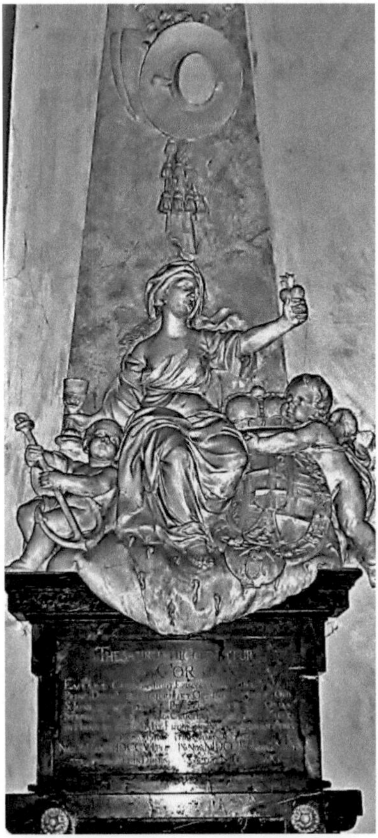

THESAURUS HIC CONDITUR COR EMINENTISSIMI SACRAE ROMANAE ECCLESIAE CARDINALIS DE RODT EPISCOPI CONSTATIENSIS SACRI ROMANI IMPERII PRINCIPIS DOMINI AUGIAE MAJORIS ET OENINGAE INCLY: ORD: S.JOAN: HIEROSO: BAJU: ET PROTECT: INSIG: REG: ORD: S: STEPH: I: HUNG: REG: MAG. CRUC: EQU: ABB. INFU: ZICKZ: IN HUNG: ET PRAEPO: MIT: EISGAR: IN AUST: NECNON ABB: IN CAST: BARB: DITIO: CREMONENSIS: NAT: X: MART: MDCCVI: ELECT: IX NOV: MDCCL: PLENUS MERI: TIS OBDORMIVIT IN DOMINO XV OCTOB: MDCCLXXV

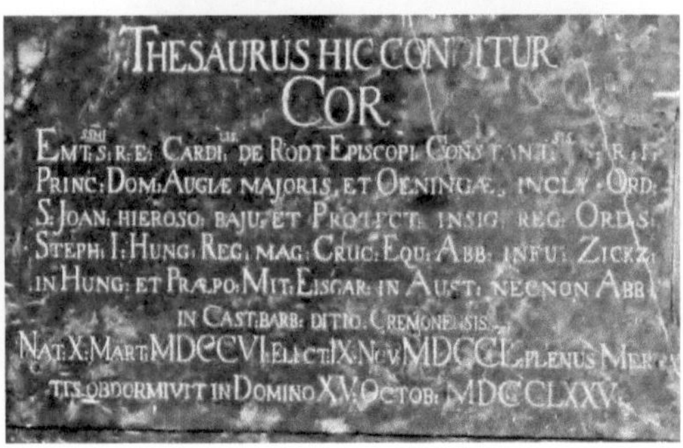

Der Text beginnt: Hier liegt ein Schatz begraben, nämlich das Herz des erhabensten Kardinals der heiligen römischen Kirche und des Bischofs von Konstanz und Fürst des heiligen römischen Reiches und Herrn auf Reichenau und zu Öhningen von Rodt .....

es folgen alle seine Ämter, Stellungen und Auszeichnungen:
Träger des Großkreuzes des Johanniterordens zu Malta; Träger des Großkreuzes des Malteserordens; Kardinalpriester von Santa Maria del Popolo in Rom; Abt des Kastells Barbato bei Cremona; Abt in Szekszárd in Ungarn; Großkreuz des Königlich-Ungarischen Sankt-Stephans-Ordens er wurde am 10 März 1706 geboren, am 9. November 1750 gewählt und ist reich an Verdiensten am 15. Oktober 1775 im Herrn entschlafen.

(*Sein Grab befindet sich in der Pfarrkirche von Meersburg*)

Mariä-End-Chor: Epitaph Domherr und Kantor Franz Johann Romanus von Sirgenstein

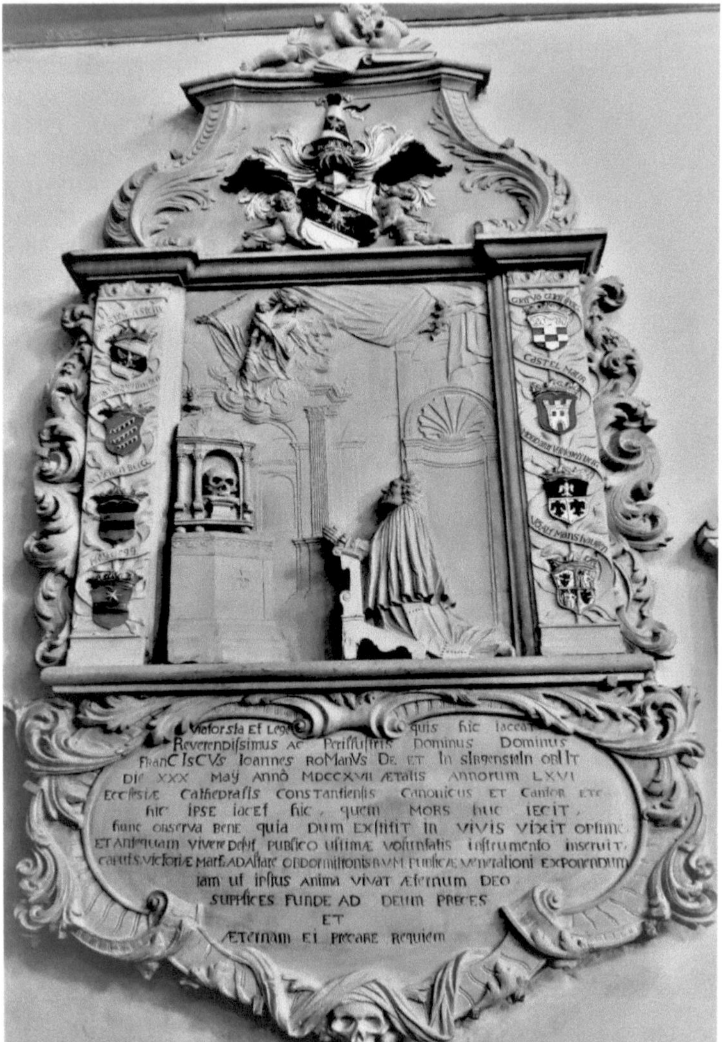

Übersetzung der Inschrift nächste Seite

Epitaph Franz Johann Romanus von Sirgenstein die Inschrift

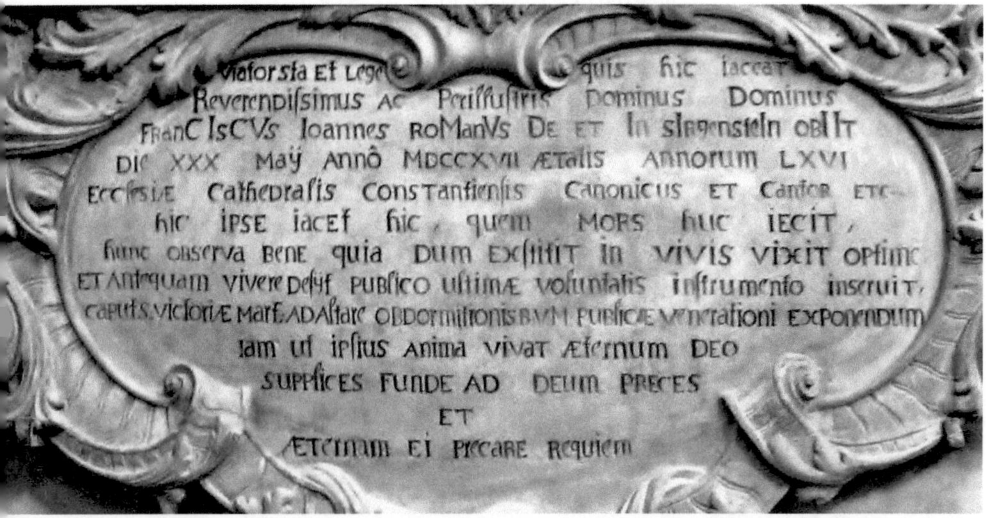

Viator sta Et Lege quis hic iaceat ReverenDissimus Ac Perillustris Dominus Dominus FranClscUs Joannes RoManUs De et In Sirgenstein obIIT Die XXX May Anno MDCCXVII Aetatis Annorum LXVI Ecclesiae CatheDralis Constantiensis Canonicus et Cantor etc. hic ipse iacet hic, quem MORS huc IECIT, hunc observa bene quia Dum exstitit in vivis vixit optime ET antequam vivere Desyt PUBliCO ultimae voluntatis instrumento inseruit caput s(anctae) Victoriae mart(yris) AD Altare OBDormitionis B(eatae) V(irginis) M(ariae) Publicae venerationi exponendum iam ut ipsius Anima vivat Aeternum DEO SUPPLICES FUNDE AD DEUM PRECES ET Aeternam EI PrecaRE Requiem.

Bleib stehen Pilger und lies, wer hier liegt. Es ist der hochehrwürdige und erlauchte Herr, Herr Franz Johann von und in Sirgenstein. Er starb am 30. Mai 1717 im Alter von 66 Jahren. Er war Domherr und Kantor und vieles mehr an der Kathedrale zu Konstanz. Er liegt selbst hier, eben da, wo der Tod ihn hingeworfen hat. Betrachte ihn gut, weil er, solange er unter uns weilte, aufs tugendhafteste gelebt hat. Und bevor er sein Leben beendete, hat er als letzten Willen der Öffentlichkeit aufgetragen, das Haupt der heiligen Märthyrerin Victoria beim Mariä-End-Altar zur Verehrung auszustellen. Nun lass flehende Gebete zu Gott hören, dass seine Seele ewig leben möge, und erbitte für ihn die ewige Ruhe.

Mariä-End-Chor: Epitaph Bischof Marquard Rudolf von Rodt

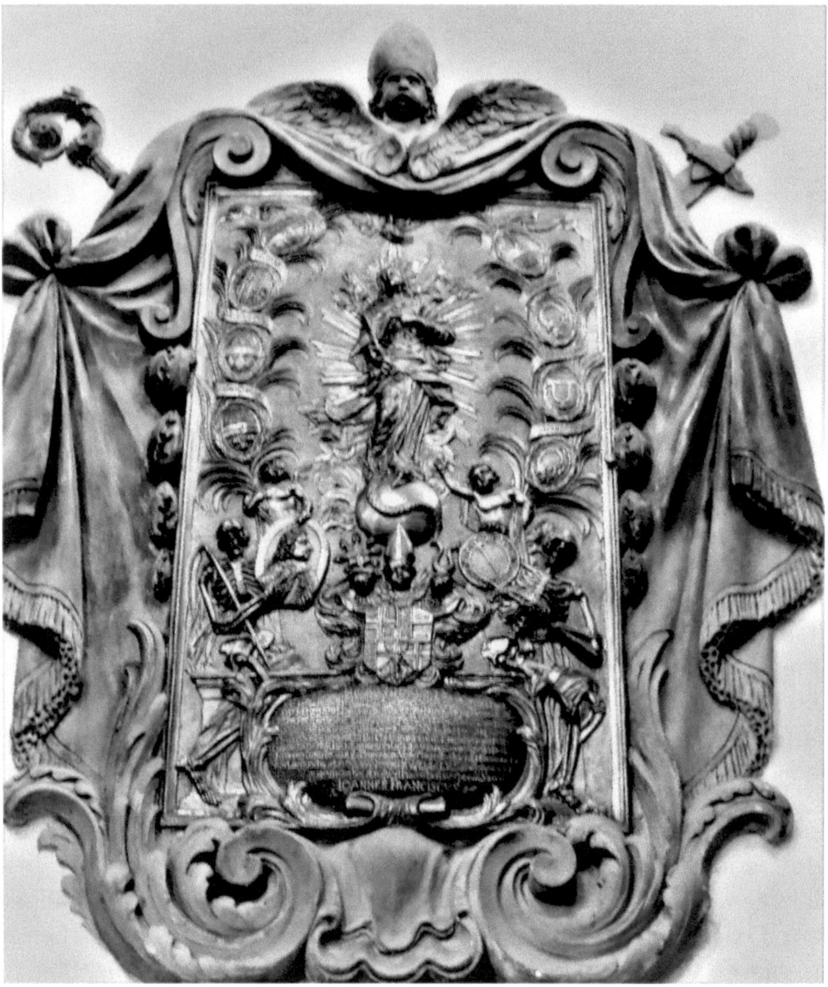

Inschrift und Übersetzung nächste Seite

Mariä-End-Chor: Inschrift auf dem Epitaph Bischof Marquard Rudolph von Rodt

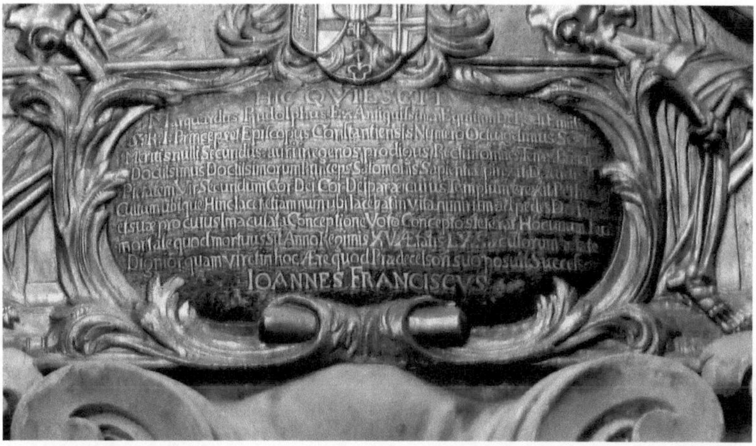

HIC QUIESCIT Marquardus Rudolphus Ex Antiquissima Equitum De Rodt Familia Sacri Romani Imperii Princeps et Episcopus Constantiensis Numero Octuagesimus Sextus Meritis nulli Secundus: auri in egenos prodigus, Recti in omnes Tenax Principum Doctissimus Doctissimorum Princeps Salomonis Sapientiae pinxit Davidis Pietatem Vir Secundum Cor Dei Cor Deiparae cuius Templum erexit Pethusij Cultum ubique Hinc Jacet etiam num ubi Jacebat in vita nimirum ad pedes Dei Parentis et suae pro cuius Immaculata Conceptione Voto concepto steterat Hoc unum Fecit mortale quod mortuus sit Anno Regim(in)is XV Aetatis LX saeculorum aetate Dignior quam Viret in hoc AEre Praedecessoris quod suo posuit Successor IOANNES FRANCISCUS.

Hier ruht Marquard Rudolph aus dem sehr alten Rittergeschlecht derer von Rodt, Fürst des heiligen römischen Reiches und 86. Bischof von Konstanz, keiner kam ihm an Verdiensten gleich: er spendete den Bedürftigen reichlich Geld, er übte gegen jedermann Gerechtigkeit. Er war der Gelehrteste unter den Fürsten und der Erste unter den Gelehrten, er zeichnete Salomons Weisheit nach und Davids Gerechtigkeitssinn. Daher liegt er auch jetzt dort, wo er zu Lebzeiten ganz selbstverständlich lag, nämlich zu Füßen der Gottesmutter, die auch die seine war, für deren unbefleckte Empfängnis er mit seinem Gelübde einstand. Nur dies eine hat er an Irdischem getan, nämlich dass er gestorben ist im 15. Jahr seines Bischofamtes im Alter von 60 Jahren. Würdiger eines ewigen Lebens lebt er nun hier in diesem Erz, das sein Nachfolger Johannes Franz für seinen Vorgänger errichten ließ.

Mariä-End-Chor über Tür zur Margaretenkapelle: Epitaph Bischof Franz Johann von Prasberg

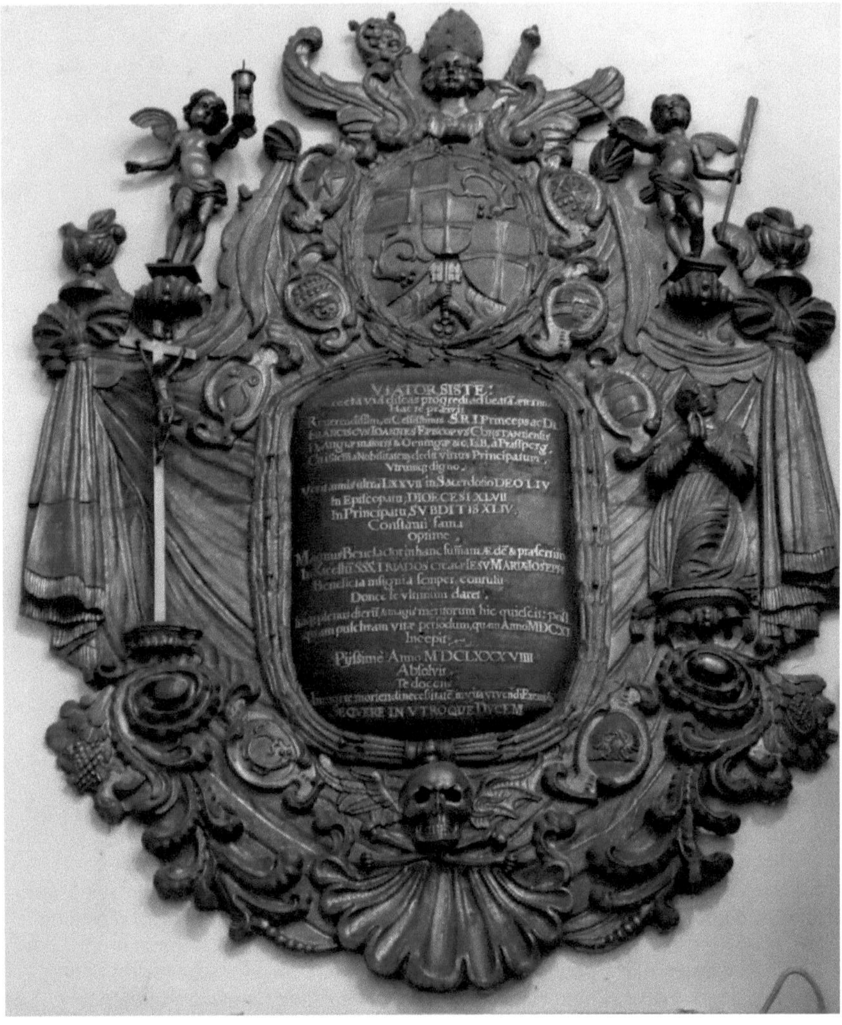

Inschrift und Übersetzung nächste Seite

Mariä-End-Chor: Epitaph Bischof Johann von Prasberg Inschrift

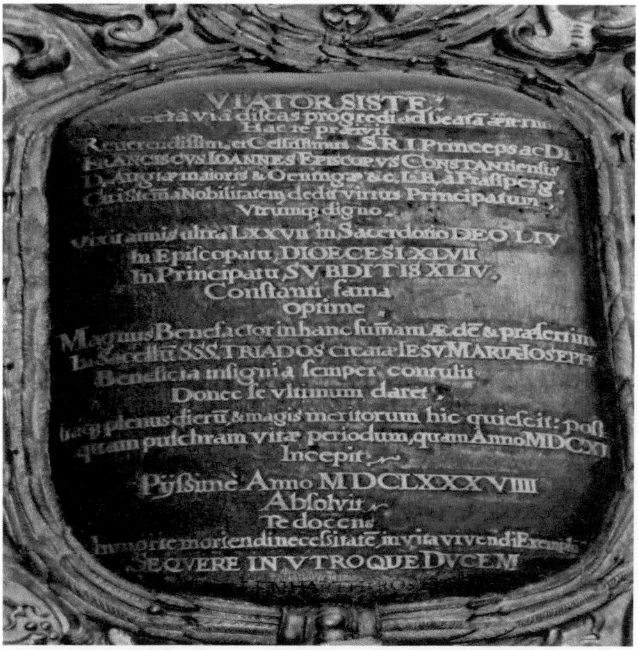

VIATOR SISTE Vt recta via discas progredi ad beatam aeternitatem Hac te praeivit Reverendissimus et Celsissimus Sacri Romani Imperii Princeps ac Dominus Dominus FRANCISCVS IOANNES EPISCOPVS CONSTANTIENSIS Dominus Augiae maioris & Oeningae & Liber Baro a Prassberg Cui Stemma Nobilitatem dedit virtus Principatum, Utrumque digno. Vixit annis ultra LXXVII in Sacerdotio DEO LIV In Episcopatu DIOECESI XLVII. In Principatu SVBDITIS XLIV. Constanti fama optime. Magnus Benefactor in hanc summam Aedem & praesertim In Sacellum SSS. TRIADOS creatae IESV MARIAE JOSEPH Beneficia insignia semper contulit Donec se ultimum daret. Itaque, plenus dierum & magis meritorum hic quiescit: postquam pulchra m vitae periodum, quam Anno MDCXI Incepit Pijssime Anno MDCLXXXVIIII Absolvit. Te docens In morte moriendi necessitatem, in vita vivendi Exemplum SEQVERE IN VTROQVE DVCEM.

Pilger, halt ein, damit du lernst, auf dem rechten Weg voranzuschreiten zur ewigen Glückseligkeit. Auf diesem Weg ist dir vorangegangen der Hochehrwürdige und erhabene Reichsfürst und Herr, Herr Franz Johannes Bischof von Konstanz, Herr auf Reichenau und in Öhningen und Freiherr von Prassberg. Ihm gab sein Stammbaum Adel, seine Tugend Herrschaft und Würde. Beider war er würdig. Er lebte über 77 Jahre, davon 54 im Dienst an Gott und im Bischofsamt 47, in der Herrschaft über seine Untergebenen 44. Er genoss immer einen vortrefflichen Ruf. Als großer Wohltäter trug er stets herausragende Schätze in diesen hohen Tempel und besonders in die Kapelle der allerheiligsten Dreieinigkeit Jesus Maria und Josef, solange bis er sich selbst als letzten hingab. Voll an Tagen und noch mehr an Verdiensten ruht er nun hier, nachdem er einen schönen Lebensweg gegangen ist, den er im Jahr 1611 begonnen hatte und im Jahr 1689 aufs frömmste beendet hat. Er lehrt dich im Tod die Notwendigkeit des Todes und im Leben die des Lebens. Folge seinem Beispiel in beidem.

Margaretenkapelle: Grabstätte von Bischof Otto von Hachberg

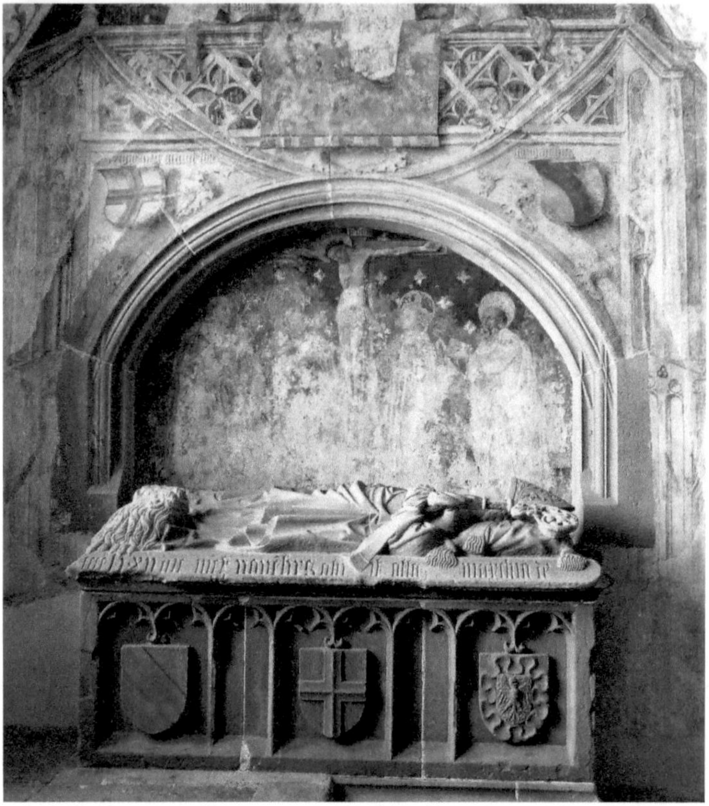

In gotischer Minuskel steht am Rand der Platte geschrieben:

Anno Domini M CCCC LI XV die mensis novembris obiit otto marchio de hochberg episcopus constantiensis

Am 15. November 1451 starb Markgraf Otto von Ho(a)chberg Bischof von Konstanz.

Otto von Hachberg war Gastgeber des Konzils, musste 1434 abdanken und wurde zum Titularbischof von Caesarea ernannt.

Mariä-End-Chor: Grabstätte des Bischofs Burcard von Randegg

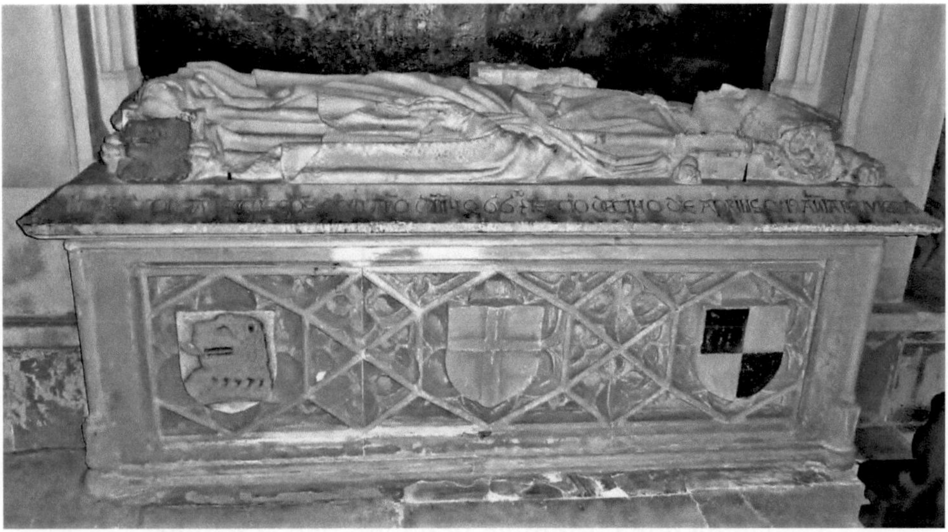

nach Reiners

BURCARDUS DE RANDECK CONSTANTIENSIS EPISCOPUS OBYT ANNO DOMINI 1466 TERCIO DECIMO DIE APRILIS CUIUS ANIMA REQUIESCAT IN PACE AMEN

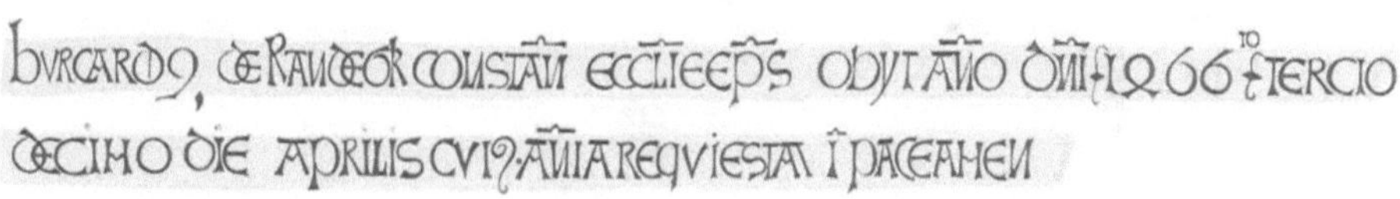

Burcard von Randegg Bischof von Konstanz starb am 13. April des Jahres 1466. Möge seine Seele in Frieden ruhen. Amen.

Detail des Grabmals von Burcard von Randegg

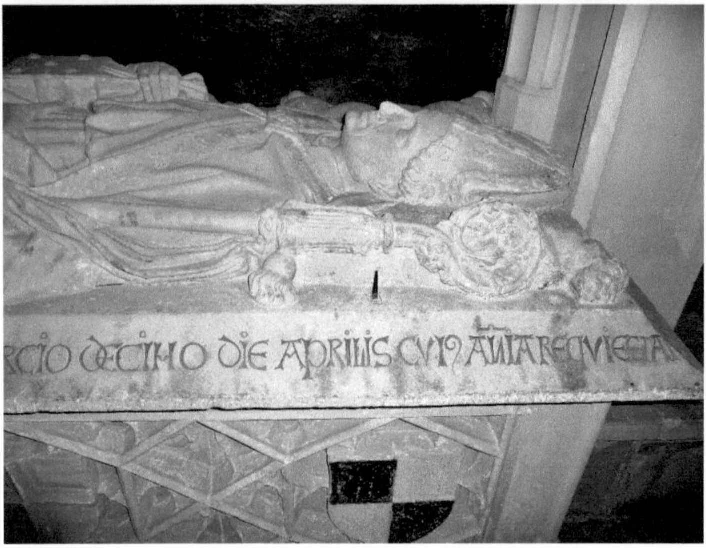

Detail des Grabmals von Otto von Hachberg

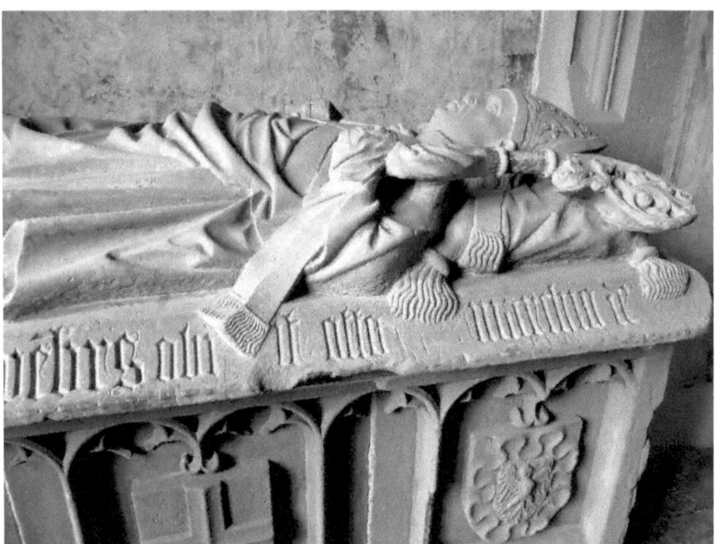

Mariä-End-Chor: Grabplatte Domkapitular Franz Joseph Hesso von Reinach zu Hirtzbach und das entsprechende Epitaph;

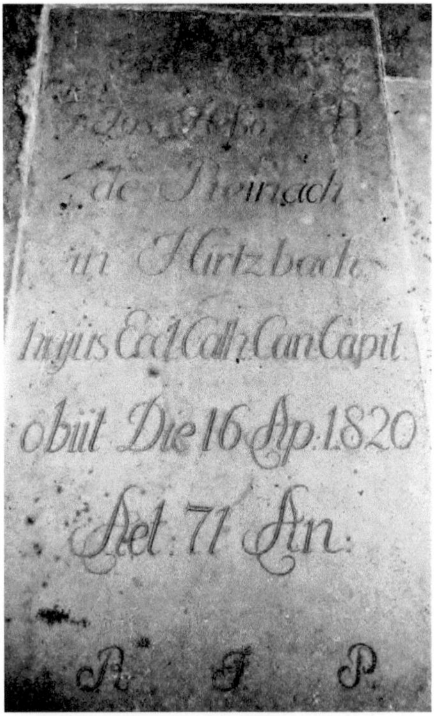

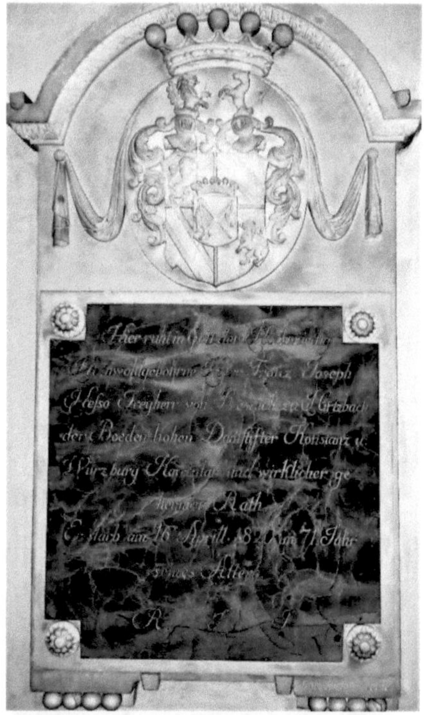

Hic jacet F Jos: Hesso L.B. de Reinach in Hirtzbach hujus Eccl(esiae) Cath(edralis) Can(onicus) Cap(itularis) obiit Die 16 Ap(rilis) 1820 Aet(atis) 71 An(norum) R.I.P.

Hier liegt Franz Joseph Hesso Freiherr von Reinach zu Hirtzbach Domkapitular dieser Kathedrale zu Konstanz. Er starb am 16. April 1820 im Alter von 71 Jahren. Er ruhe in Frieden.

Hier ruht in Gott der Hochwürdig, Hochwohlgebohrne Herr Franz Joseph Hesso Freyherr von Reinach zu Hirtzbach der Beeden hohen Domstifter Konstanz und Würzburg Kapitular und wirklicher geheimer Rath. Er starb am 16. April 1820 im 71. Jahr seiner Alters. R.J.P.

Mariä-End-Chor: Grabplatte Kustos Johann Albert Schindelin

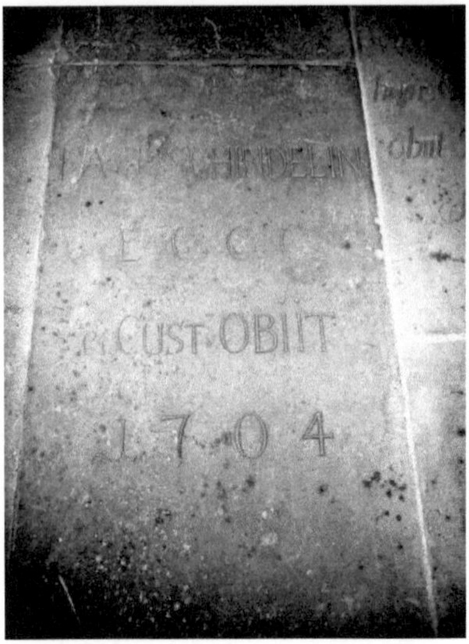

I(ohannes) **A**(lbertus) **de SCHINDELIN E**(cclesiae) **C**(athedralis) **C**(onstantiensis) **C**(anonicus) **et CUST**(os) **OBIIT 1704**

Johann Albert von Schindelin Domherr und Kustos an der Bischofskirche zu Konstanz starb 1704

Mariä End Chor: Grabplatte
Domherr Joseph von Reichlin zu Meldegg

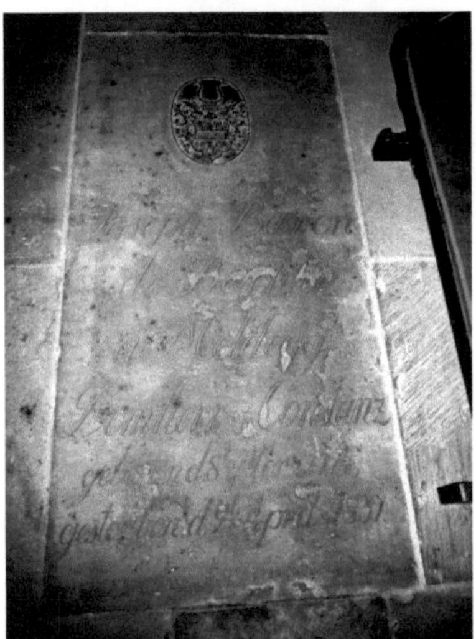

Joseph Baron de Reichlin à Meldegg Domherr (zu) Constanz geboren d. 8. Merz 1774 gestorben d.9. April 1837

Mariä-End-Chor: Grabplatten Bischof Marquard Rudolph von Rodt und Domherr Marquard Anton von Rodt

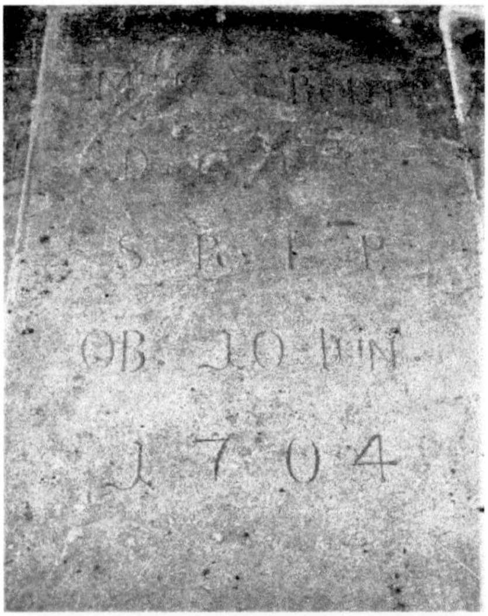

M.R.RODT D.G.E.C.R.I.P.OB.10.IVN 1704

Marquardus Rudolphus Rodt Dei Gratia Episcopus Constantiensis Sacri Romani Imperii Princeps Obiit 10. Junii 1704

Marquard Rudolph von Rodt durch Gottes Gnade Bischof von Konstanz, Fürst des heiligen römischen Reiches ist am 10. Juni 1704 gestorben

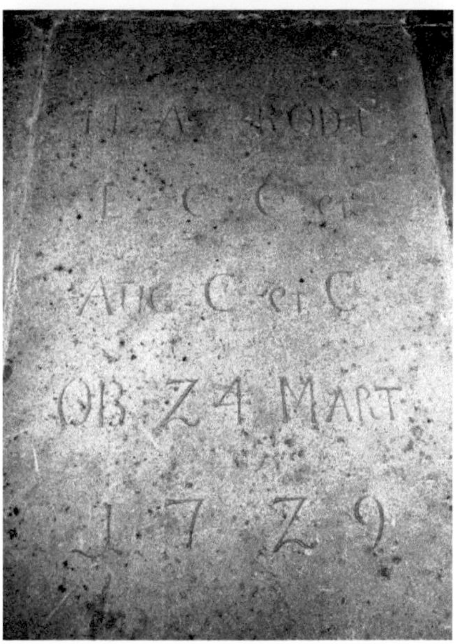

M.A.RODT.E.C.C. et AUG.C. et C.OB. 24.MART.1729

Marquardus Antonius Rodt Ecclesiae Cathedralis Constantiensis et Augustanae Canonicus et Cantor Obiit 24. Martis 1729

Marquard Anton (von) Rodt Domkapitular an den Kathedralen von Konstanz und Augsburg ist am 24. März 1729 gestorben

Mauritiusrotunde: Epitaph Domherr Gottfried Christoph Graf von Zimmern

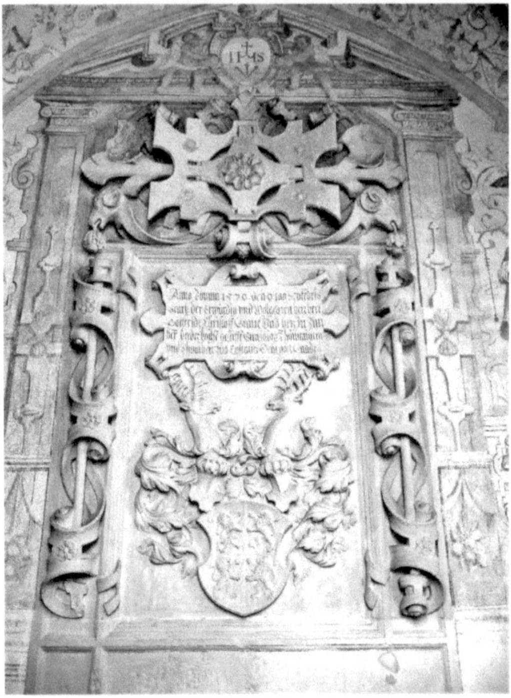

Anno domini 1570 den 9 tag Septembris starb der Erwurdig und Wolgebohrn herr herr gottfridt Christoff Graue Und herr zu Zimbern beeder hochen gestifft Straßburg Thumkamerer und Thumherr zuo Costantz Dem gott Gnade. Amen

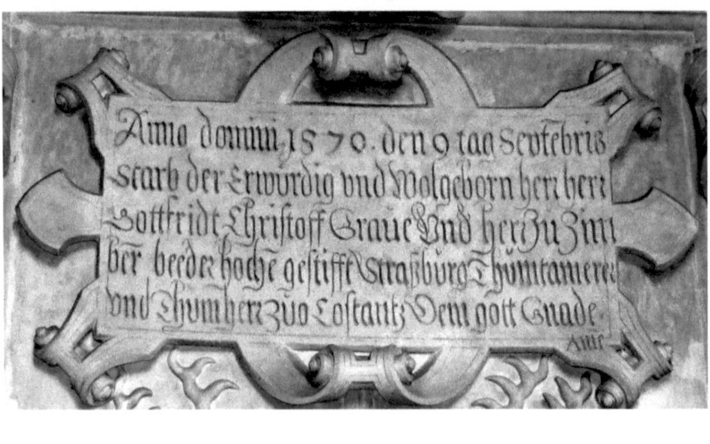

Mauritiusrotunde: Epitaph Domherr Jakob Kurtz

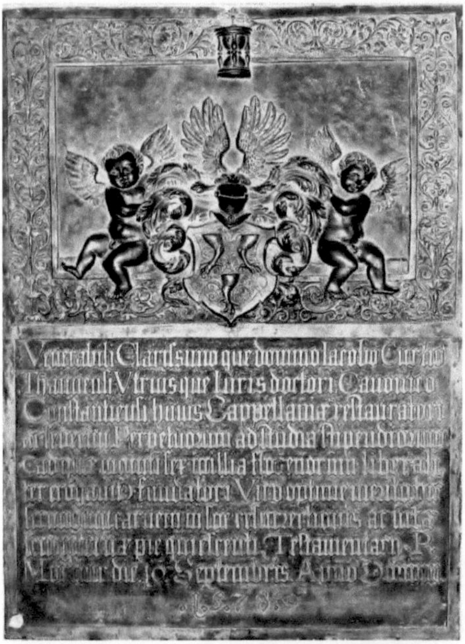

Venerabili Clarissimoque domino Jacobo Curtio Thannensi Utriusque Juris doctori Canonico Constantiensi huius Cappellaniae restauratori, ac sedecim Perpetuorum ad studia stipendiorum (ad quae viginti sex millia florenorum liberaliter erogavit) fundatori, Viro optime merito hic secundum carnem in Spe resurrectionis ac vitae sempiternae pie quiescenti. Testamentarij Posuerunt. Moritur die 10. Septembris Anno Domini 1578.

Für den ehrwürdigen und berühmten Herrn Jakob Kurtz aus Thann, Doktor beider Rechte, Domherr zu Konstanz, den Restaurator dieser Kapelle und Stifter von 16 Stipendienplätzen auf Dauer, wofür er 26 000 Gulden bereitgestellt hat, für einen hochverdienten Mann, der hier fromm ergeben ruht in der Hoffnung auf die Wiederauferstehung und ein ewiges Leben. Die Testamentsvollstrecker haben dieses Denkmal erstellt. Er stirbt am 10. September 1578.

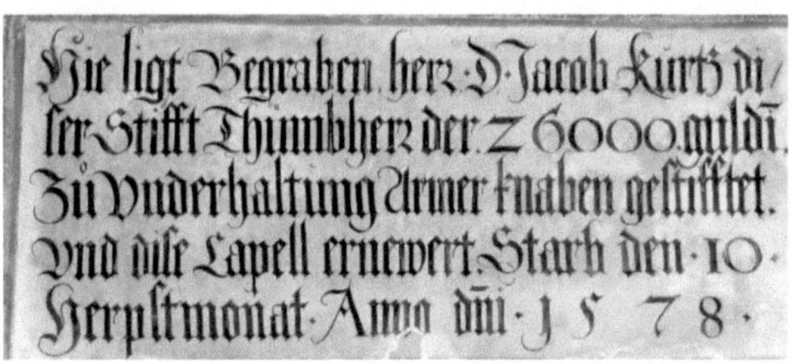

Mauritiusrotunde: Epitaph Maria Salome von Sirgenstein

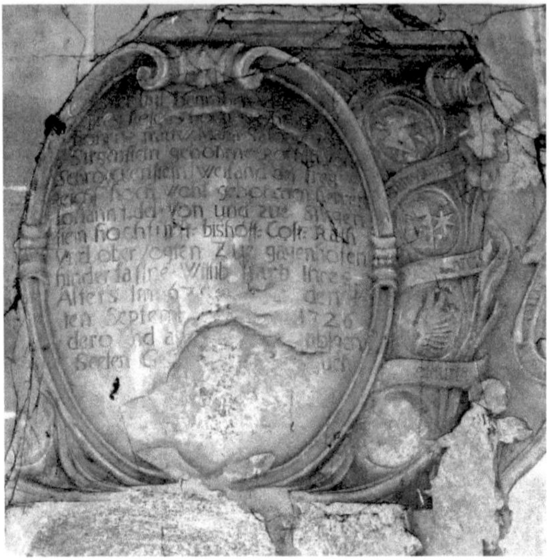

hier ligt begraben die frey Reichs hoch
wohl gebohrne frauw Maria Salome
Von Sirgenstein gebohrne Rothin Von
Schroeckenstein weiland des frey
Reichs hoch wohl gebohrnen herren
Johann fidel Von und zue Sirgenstein
hochfürstbichöff-Cost-Rath Und ober
Vogten Zue gayenhofen hinderlassne
Wittib Starb Ihres Alters Im 67.(ten
Ja)hr den 1 ten Septemb... 1726 dero
und a (allen christglae)bigen Seelen G
(ott) ...
(gnedig sein welle Amen)

Kreuzgang: Epitaph Dompfleger Johann Egklin

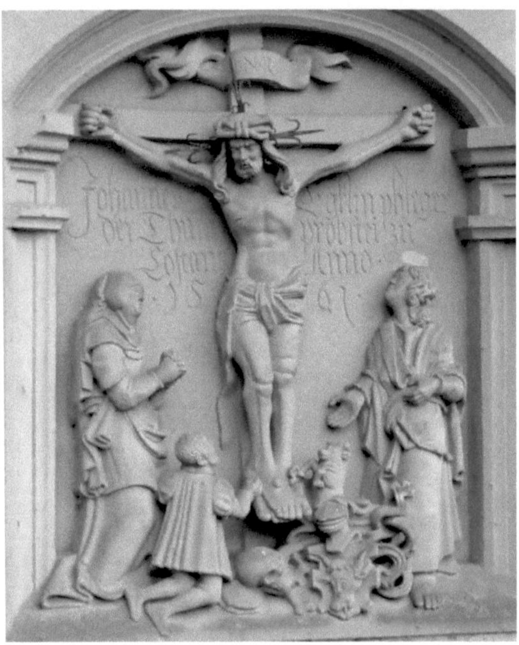

Johannes Egklin phleger
der Thumprobstei zu
Costanz Anno 1561

Kreuzgang: Sarkophag der Bischöfe Burchard von Hewen und Heinrich von Hewen

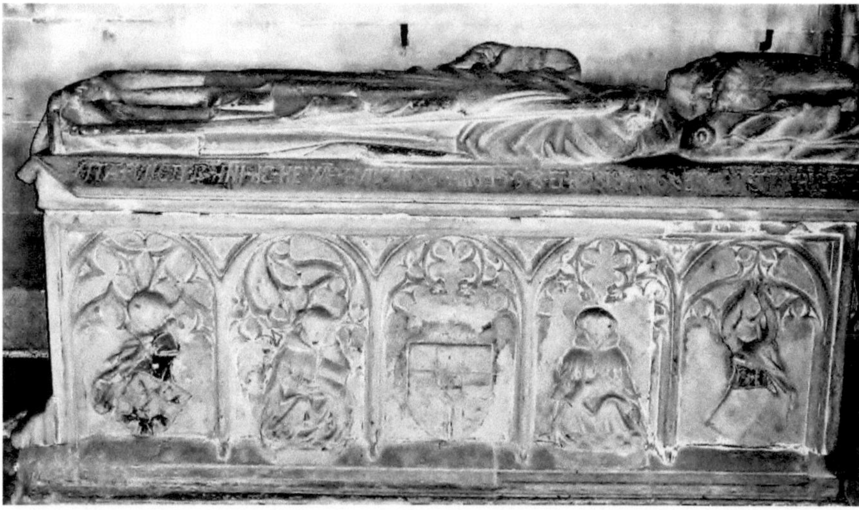

nach Reiners

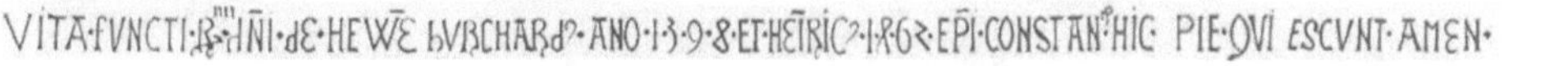

In der Chronik heißt es: Burchardus ward inn dem crützgang by dem altar, so er mitt sampt der pfrund gestifft hatt, an die mur erlich begraben. 1388 sant Iheronimus tag obijt“ Das Jahr ist falsch, denn auf dem Sarkophag steht 1398.

Inschrift aufgelöst: *VITA FUNCTI REVERENDISSIMI DOMINI DE HEWEN BURCHARDUS ANNO 1398 ET HEINRICUS 1462 EPISCOPI CONSTANTIENSES HIC PIE QUIESCUNT AMEN*

Die hochwürdigen Herren Burkhart und Heinrich von Hewen, gestorben 1398 bzw. 1462, Bischöfe von Konstanz, ruhen hier.

Kreuzgang: Epitaph Domherr Nikolaus Friedrich Marquard von Enzberg

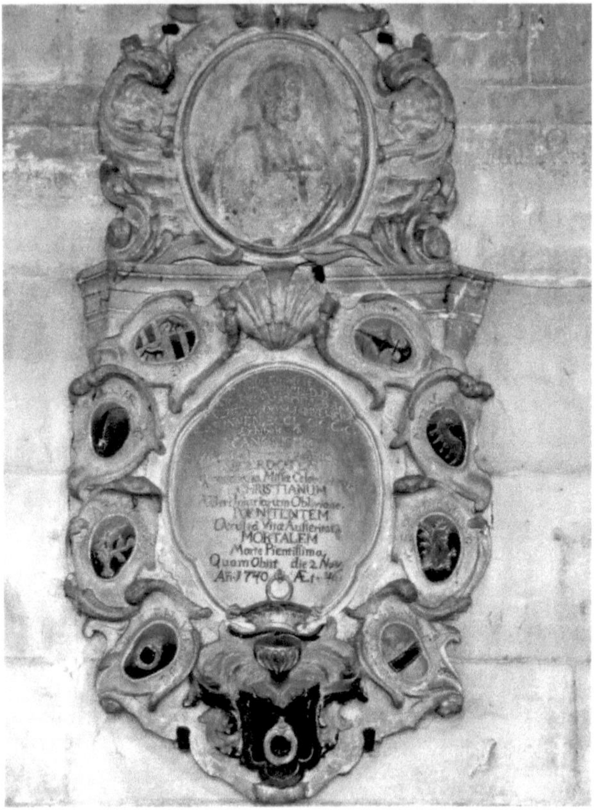

Hic quiescit reverendissimus perillustris Dominus Dominus Nicolaus Fridericus Marquardus Liber Baro de ENZBERG, Dominus in Mylheim & Bronnen Ecclesiae Cathedralis Constantiensis Canonicus. Exhibuit Se CANONICUM Assidua in Divinis Praesentia, SACERDOTEM Quotidiana Missae Celebratione, CHRISTIANUM Celeri Jnjuriarum Oblivione, POENITENTEM Occulta Vitae Austeritate MORTALEM Morte Pientissima Quam Obiit die 2. Novembris Anni 1740 Aetatis 46.

Hier ruht der verehrungswürdige und hochberühmte Herr, Herr Nikolaus Friedrich Marquard Freiherr von Enzberg, Herr in Müllheim und Bronnen, Domherr an der Kathedralkirche zu Konstanz. Als Domherr hat er sich hervorgetan durch fleißige Präsenz im Gottesdienst, als Priester durch die tägliche Feier des Messopfers, als Christ durch das schnelle Vergessen von Unrecht, als Büßer durch die im Verborgenen gelebte Kargheit des Lebens, als Sterblicher durch einen Tod in größter Frömmigkeit. Diesen hat er erlitten am 2. November des Jahres 1740 im Alter von 46 Jahren.

Kreuzgang: Grabplatte Domherr und Kantor Johann Nikolaus Friedrich von Enzberg

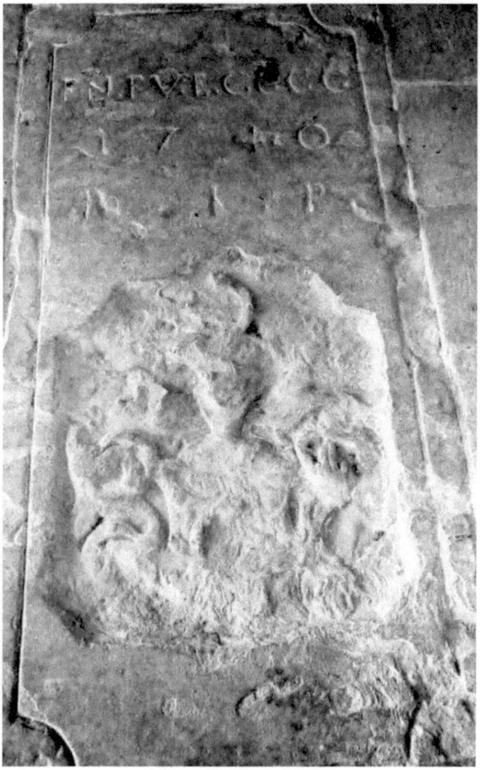

I.N.F.V.E.C.C.C.C.1740 R.I.P.

Johannes Nicolaus Fridericus von Enzberg Cathedralis Constantiensis Canonicus Cantor 1740 Requiescat in Pace

Johann Nikolaus Friedrich von Enzberg Domherr und Kantor an der Bischofskirche zu Konstanz ist 1740 gestorben. Er ruhe in Frieden.

Kreuzgang: Epitaph Obervogt Georg Huldbar und Buocher

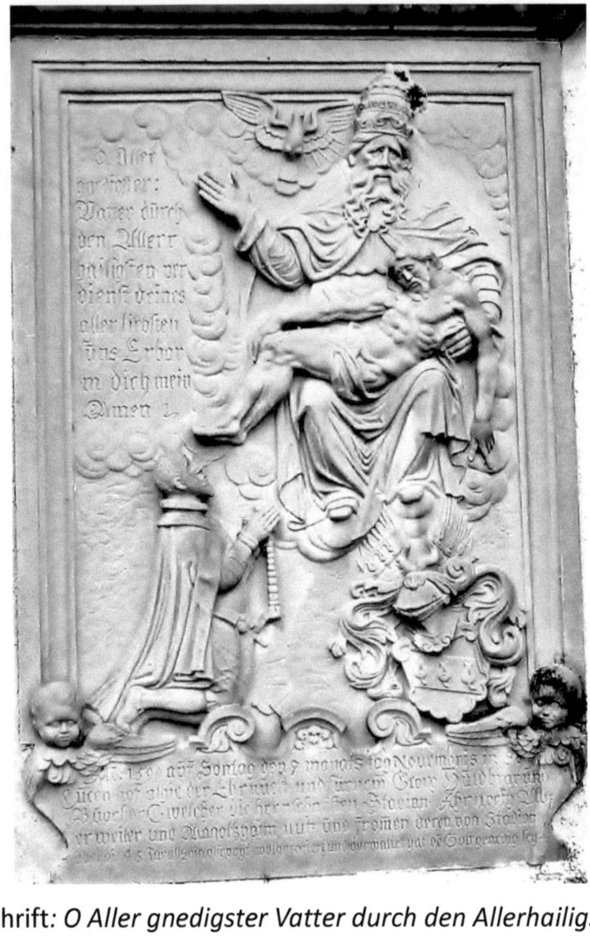

Obere Inschrift: *O Aller gnedigster Vatter durch den Allerhailigsten verdienst deines allerliebsten suns Erbarm dich mein Amen*

Inschrift auf dem Sockel: *Anno 1599 auf Sontag den 7 monats tag Nouembris in S:Lucen hof alhie der Ehrnuest und furnehm Georg Huldbrar undt Buocher (:welcher die herrschafften Stadion Ahrneckh Alberweiler und Magoltzhaim nutz und frommen deren von Stadion über die 45 Jar alls ain obervogt wolgeregiert und verwaltet hat dem Gott genedig sy.*

Kleine Auswahl unserer Bücher über Geschichte in der Bodenseeregion

Hans Joachim Hildenbrand,
Grabplatten, Epitaphien und Gedenktafeln im Konstanzer Münster
Konstanz 2019, 152 Seiten, davon 134 Farbs., € 34,80. ISBN 978-3-86628-630-6

Hans Joachim Hildenbrand,
Grabplatten, Epitaphien und Gedenktafeln im Konstanzer Münster
Konstanz 2019, **eBook**, € 19,99. ISBN 978-3-86628-633-7

Hans Joachim Hildenbrand,
Grabplatten und Epitaphien im Konstanzer Münster (Kurzfassung)
Konstanz 2019, **eBook**, € 4,99. ISBN 978-3-86628-639-9

Rüdiger Schell, **Das Dominikanerinnenkloster Auf Hof bei Neudingen als Hauskloster der Grafen von Fürstenberg.**
3. Aufl. 2009; 320 Seiten, € 22,00. ISBN 978-3-86628-217-9

Rüdiger Schell, **Das Zisterzienserinnenkloster Maria Hof bei Neudingen.**
1. Auflage 2011; 280 Seiten, € 19,80. ISBN 978-3-86628-402-9

Hendrik Riemer, **Der Konstanzer Dichter Wilhelm von Scholz 1874–1969**
Eine biographische Annäherung
Konstanz 2013, 282 Seiten, gebundene Ausgabe. € 19,80. ISBN 978-3-86628-449-4

Carola Buchwald, Sonja Klug, Christiane Rudolf, Sabine Rückert, Maria Gaetana Tarallo, Anja Wurz und Dr. Arnulf Moser, **Die Reichenau im Sommer 1945**
Erholung für KZ-Häftlinge aus Dachau. Evakuierung der Einwohner
2. Aufl. 2015 der Erstauflage 1994, 116 Seiten. € 14,80. ISBN 978-3-86628-552-1

Arnulf Moser, **DIE NAPOLA REICHENAU.** Von der Heil- und Pflegeanstalt zur nationalsozialistischen Eliteerziehung (1941 - 1945)
2. überarbeitete Auflage 2014 der 1997 im Arbeitskreis für Regionalgeschichte Bodensee e.V. erschienenen Erstauflage. 110 S. € 14,80. ISBN 978-3-86628-501-9

Arnulf Moser, **Der Zaun im Kopf.**
Zur Geschichte der deutsch-schweizerischen Grenze um Konstanz.
2. Auflage 2014 . 200 Seiten. € 14,80, ISBN 978-3-86628-362-6

Arnulf Moser, **Die andere Mainau 1945. Paradies für befreite KZ-Häftlinge**
1. erweiterte und überarbeitete Auflage 2020 der 1995 im UVK erschienenen Erstauflage. 172 Seiten. € 19,80, ISBN 978-3-86628-664-1

Hans-Dieter Kuhn, **Die Plansprachen Volapük und Esperanto in Konstanz –**
Geschichte und lokale Ereignisse
1. Auflage 2010. 134 Seiten, Hardcover, 14,80 €, ISBN 978-3-86628-357-2.

Hans Stather, **Die römische Militärpolitik am Hochrhein unter besonderer Berücksichtigung von Konstanz**
1. Aufl. 1986, 2. Aufl. 1990 278 Seiten. € 29,65. ISBN 3-89191-386-9